작은 음식점 흑자경영의 원리원칙 100

작은 음식점 흑자경영의 원리원칙 100

지음 | 키토 히로마사
옮김 | 최용주

서울경제경영

지은이 | **키토 히로마사**

큐즈팩토리 설립자
키토히로마사는 22살 되던 해에 대학을 중퇴하고 부친이 운영하던 '마코토㈜'(이후 큐즈팩토리로 회사명 변경)에 입사하여 2년 뒤 '하타코야사쿠라미세'를 업계 굴지의 성공점포로 만들어 낸 장본인이다. 그는 이 성공세에 힘입어 25살에 부친으로부터 회사 경영권을 위임받아 31살 되던 해에 20개의 직영점포와 연매출 20억엔 규모에 이르는 외식 체인 기업으로 키워냈다. 그 해가 그가 경영을 맡은 지 6년째 되는 해였다. 키토히로마사는 외식업계에서의 성공스토리를 만들어 나가던 중 2006년에 3월, 회사를 매각하고 외식 경영 일선에서 물러나기로 결심한다.

이후 현장에서의 성공 경험을 바탕으로 『작은 음식점 성공 바이블』과 『작은 음식점의 진실한 점장 바이블』이라는 책을 집필하였고, 현재는 퓨쳐커넥트(Future Connect)라는 회사를 설립하여 신규사업 개발, 집필과 컨설팅 활동 등을 하고 있다.

옮긴이 | **최용주**

실사구시 학문인 "경영"에서는 학문적 업적이 필요하지만 그에 못지 않게 현장 경험도 중요한데, 역자 최용주는 경영에 있어서 A, B, C를 두루 경험하였다. A 는 Academy(경영학)를 의미하고, B 는 Business(현실경영), C 는 Consulting(경영 컨설팅)을 의미한다. 처음 기업에서 사회 생활을 시작했지만, 그 후 IBS Consulting에서 전략경영 컨설턴트, 컨설팅 본부장, 대표 등을 차례로 역임하면서 제조업, 서비스업, 금융업 분야의 다양한 한국 기업들을 심층적으로 이해하는 과정을 거쳤다. 다시 현업으로 복귀해서는 풀무원과 매일유업의 부사장으로서, 전략기획과 각종 사업본부장 등을 맡으면서 컨설팅 회사에서 습득한 Business Skill을 직접 현장에 접목하여 성과를 창출한 경험을 갖고 있다.

마케팅 전공 석사와 MBA를 이수했으며 최근 관심분야로 떠오르고 있는 사회적 자본(Social Capital)을 주제로 한 논문으로 경영학 박사학위를 취득했다. 현재는 "서울과학종합대학원" 교수로 재직하고 있다.

주요 논문으로는 「핵심역량에 의거한 사업다각화 유형에 관한 연구」와 「사회적자본(Social Capital)이 방문판매사업의 성과에 미치는 영향」이 있으며 저서로는 『리엔지니어링 이렇게 해야 성공한다』『중장기 경영계획의 수립과 실행』이 있다.

저자의 글

프롤로그
전통을 바탕으로 한 새로운 지식을…

안녕하세요?

저는 키토히로마사입니다. 이 책을 보시는 분들의 대부분은 저의 이름을 들어본 적이 없을 거라고 생각하기 때문에 간략하게 제 소개를 하겠습니다.

이자카야 업계에 종사하시는 분들이나 나고야에 사시는 분들이라면 [旗籠家하타고야]라는 이름을 들어 본적이 있을지 모릅니다. 저는 대학 재학 중인 스물 한 살에 외식업에 뛰어들 것을 결심하고 대학을 중퇴한 후 아버지가 경영하시던 회사에 들어갔습니다. 아버지는 저에게 '하타고야사쿠라미세'점포 운영을 맡기셨고, 저는 이 점포를 2년 만에 이자카야 업계에서 굴지의 성공점포로 키워냈습니다.

이후 아버지가 경영하시던 회사가 적자로 돌아서면서 아버지는 저에게 경영권을 위임하셨습니다. 저는 경영에 대해서는 전혀 경험이 없었지만 회사를 맡은 지 6년만에 20개의 점포와 연간 20억엔의 매출을 올리는 외식체인기업으로 성장시켜 나갔습니다. 사업이 지속적으로 성장하던 2006년 3월에 저는 회사를 매각하고 경영일선에서 물러나게 되었습니다.

일선에서 물러난 후 저는 작은 음식점에서 연매출 20억엔의 흑자기업으로 성장하기까지의 격동의 시간 동안 제가 느꼈던 현장 경험과 경영자로서의 생각을 정리하여 저술 활동을 해나갔습니다. 첫 번째가 적자점포를 흑자점포로 만든 경영비법을 정리하여 2006년 11월 '작은 음식점 성공 바이블'을 발표했습니다. 이어 점포의 점장 업무 경험을 바탕으로 매장매니지먼트에 대한 제 나름의 관리방법을 정리하여 '작은 음식점, 진실한 점장 바이블'을 출간했습니다.

음식점 경영에 대한 노하우를 책을 통해 많은 분들에게 알려주고 싶었으나 그 많은 것들을 한 권의 책으로 모두 표현할 수는 없었습니다. 그러던 중 감사하게도 출판사로부터 3부작으로 출판하자는 제안을 받았고 '작은 음식점, 흑자경영의 100가지 원칙' 본 책이 3부작 중 세번째로 탄생하게 된 것입니다.

제가 음식점 경영 일선에서 물러선 지 꽤 오랜 시간이 흘렀지만 그간 외식 컨설팅 활동을 통해 끊임없이 외식업계의 변화를 감지해 왔습니다. 외식업계의 경영환경이 어려워지고 있는 것은 사실입니다만 그 속에서도 기회 역시 늘어난 것도 부정할 수 없습니다. '변화가 기회'라는 말을 예전부터 들어왔지만 제 경험상 이 말은 외식업계에서도 통용되는 말이라고 감히 말씀 드립니다.

복잡하고 어려운 변화 속에 숨어 있는 기회를 발견하고 성공하기 위해서는 무엇보다도 원리 원칙에 입각하지 않으면 안 된다고 생각하는 것입니다.

원리원칙이란 무엇일까요?

그것은 시대가 바뀌어도 바뀌지 않는 기본 중의 기본, 즉 진실된 메시지입니다.

음식점을 개업해서 실패하는 사람, 여러 개의 점포를 운영하다가 실패하는 사람, 원래 경영은 리스크가 높은 활동이기는 하지만 그것은 어쩔 수 없는 것은 아니라고 생각합니다. 성공과 실패는 항상 종이 한 장 차이이고, 도전 그 자체에 가치가 있다는 것을 저는 잘 알고 있습니다.

그렇지만 명확하게 잘못된 선택을 한 것 때문에 사업이 실패하는 경우라면 사전에 어떤 지식을 통해 실패할 확률을 줄일 수 있지 않을까?라고 생각한 일이 많은 것도 사실입니다.

그렇다면 도대체 어떤 지식을 얻으면 좋을까요?

그 답은 원리원칙입니다. 특히 경영환경이 좋지 않는 시대일수록 기본으로 되돌아갈 필요가 있습니다.

지금 이 책을 읽는 분들은 과거 저의 두 작품도 읽어보시면 보다 깊은 해석이 되실 수 있을 것이라고 생각합니다. 또한 이미 제 책을 읽어보신 분들이라면 이 책을 통해 성공점포를 만드는데 필요한 엣센스를 재확인하실 수 있지 않을까 생각합니다.

이 책에는 또한 컨설팅활동을 통해 느꼈던 부문과 과거 두 개의 작품에서 모두 전달 드리지 못했던 상당히 중요한 노하우들이 담겨있습니다. 읽고 이해하기 쉽도록 되도록 짧은 문장들을 모았고 그 속에 현실적인 경영활동에 도움을 줄 만한 중요한 메시지를 포함시켰습니다.

이 책이 지금의 어려운 경영환경에서 독자 여러분들이 성공을 잡기 위한 처방책이 될 수 있기를바랍니다.

당연한 것을 당연하게 실천하는 것이 성공의 시작입니다. 여러분들이 이 책에서 그 당연한 것을 하나라도 더 많이 찾아보시기를 진심으로 바라겠습니다.

역자의 글

저자와 마찬가지로 역자는 외식기업의 10개 브랜드, 30여개 매장을 관리하는 다양한 외식사업의현장 경영자로서의 경력이 있습니다. 외식사업을 총괄하는 경영자였을 당시에 처음 이 책을 접하게 되었습니다. 이 책은 제가 경영하던 외식사업본부에 있는 책장 한 켠에서 우연히 보게 되었습니다. 역자가 현직경영자이었기 때문에 시간적인 여건상 100가지 원리원칙을 매일 조금씩이라도 번역하여 읽어보자고 해서 시작하였습니다.

역자는 기업의 전략수립을 도와주는 경영컨설팅을 해 보았고 제조업에서 십 수년간 전략, 브랜드관리, IT, 프로세스 혁신, 사업본부 등을 담당하는 경영자로 활동하였습니다. 외식사업의 경영을 처음 맡게 되었을 때 느꼈던 것은 크게 두 가지였습니다.하나는 외식사업이라는 것이 다른 어떤 사업보다도 큰 결정과 작은 결정이 복합되어있으면서 연속적으로 일어난다는 점이고 다른 하나는 작고 디테일 한 이슈에 잔손이 많이 가는 사업이어서 챙겨야 할 것이 어느 사업보다도 많은 사업이라는 점이었습니다. 외식사업이라는 것은 점포 하나하나가 한 단위의 복합적인 사업인 동시에 각종 스텝기능이 축약되어 있는 기업의 축소판과 같았기 때문입니다.

이러한 이유 때문에 보다 효과적인 현장경영을 위한 다양하고 많은 고민에 직면하게 되었습니다.

처음 책을 읽기 시작할 때에는 이 책을 너무도 가볍고 단순히 평가하였습니다. 우선은 글이 길지 않았고 요점정리 형식으로 되어있어서 부담 없이 읽을 수 있는 글이었기 때문이었습니다.

가볍게 시작했던 번역이 몇 개의 원리원칙을 읽고 지나가고 있을 때쯤 제 스스로 이 책에 대해 관심이 높아져 있음을 알게 되었습니다.

일견, 이 책을 처음 접하시는 분들이 경영학을 깊이 배운분들이나 큰 기업에서 경영을 하시는 분들이라면 그다지 가치 있게 보여지지 않을 수도 있었을 것입니다. 그러나 역자에게 있어서는 평소에 갖고 있던 외식경영의 각종 고민에 대해 이 책이 담고 있는 원리원칙은 훌륭한 가이드를 주기에 충분 했습니다. 아마도, 현실에서 외식점포를 경영하시거나 다른 업종이라도 자영업을 하시는 분들이라면 이 책이 갖고 있는 내용의 의미를 충분히 이해하고 공감하실 것이라고 믿게 되었습니다.

이 책은 심오한 경영학의 기술이나 새로운 트랜드를 제시하는 것처럼 경영의 방향성을 깊이 있게 다루고 있지는 않습니다. 그럼에도 제가 이 책에 공감하리라 생각하는 이유는 이 책이 저자인 키토히로마사씨의실전경험을 바탕으로 해서 정리되었고 쓰여졌기 때문입니다. 실전경험은 그 자체가 멋진 이론이나 화려한 수사보다도 현실 경영자들에게 좋은 가이드 역할을 해 준다고 보았기 때문입니다.

역자는 저자와 마찬가지로 기업의 방향을 제시하는 전략컨설팅의 경험과 현실 기업경영 실행의 디테일을 챙겨서 성과를 내는 것의 두 가지를 다 경험하였습니다. 기업을 경영해 가는데 있어서 이 방향과 실행이라는 두 가지는 불가분의 관계에 있습니다. 경영자의 입장에서

이 두 가지를 균형 있게 해 가는 것이란 결코 쉽지 않은 과제입니다.

더구나, 창업한지 얼마 안 되는 작은 기업이나 자영업 점포사업에서는 이 두 가지를 나누어 관리 할 수 있을 만한 여건이 아닐 것입니다.

이 책은 이 두 가지를 체계화하고 실행하는데 있어서 100가지를 원리원칙이라는 내용으로 정리한 책입니다.

저자는 원리원칙을 기본 중의 기본이라는 진실의 메시지이고, 시대가 바뀌어도 변하지 않는 진리이며, 지킬수록 경영자가 실패할 확률을 줄일 수 있는 것이다.라고정의하고 있습니다. 참으로 좋은 말이고 경영자로서 가슴에 와 닿는 말이라 하겠습니다.

이렇게 체험에서 우러나오는 원리원칙이라는 이름으로 쓰여진 하나하나는 외식 자영업 경영자나, 창업한지 얼마 안 되는 작은 기업 경영자, 프랜차이즈 사업을 하시고자 하는 경영자 모두에게 의미를 줄 것이고 가이드 역할을 할 것으로 기대 합니다.

역자는 대기업에서 30여개의 외식 점포를 관리하는 경영자로 근무했습니다. 대기업에 속해서 전략의 실행과 현장경영을 하면서 매일 매일의 점포 현장에서 벌어지는 각종 문제에 직면할 때가 많았습니다.

실행 상의 문제를 접하고 해결을 위해 고민할 때나, 전략과 현실최적 사이에서 어떤 것을 선택해야 바르게 하는 것인가?하는 고민이 생길 때에 실전을 바탕으로 쓰여진 기토히로마사씨의 가이드는 너무도 적절하다고 하겠습니다.

모쪼록 이 책을 읽어 가면서 현실과 비교하고 실행을 생각하신다면 더욱 의미가 있으리라 생각합니다.

이 책은 하루에 2개 원리원칙을 50일이 걸려서 번역하고 수정작업을 했습니다. 번역과 교정작업 중에 매일유업 외식사업본부의 이정은씨의 도움이 있었기 때문에 가능했습니다. 이정은씨에게 진심을 담아 감사의 말을 전합니다. 외식사업의 특성이 점포 하나하나 마다 하나의 작은 기업을 경영하는 것처럼 많은 손이 가고 챙겨야 할 것이 많습니다. 어려운 가운데에서도 서로 협력하고 성실하게 현장의 점포 하나하나를 관리해 주는 매일유업의 외식사업본부 모든 직원들에게도 감사의 말을 전합니다.

외식경영자들, 자영업을 하시는 경영자 분들이 이 책을 통하여 성공적인 경영에 시사점을 얻는 계기가 되기를 기대합니다.

차례

3

4

5 집객, 그리고 번성의 원리원칙 49

1 개업까지의 원리원칙

| [무엇을 위해 경영을 하는 것인가]경영목적은 명확하게 되어있는가? | 우선은 참가시장을 선택해 뽑자 | 음식점의 성공요인은 메뉴와 분위기 + [좋은 입지를 싸게 빌리는 것] | 벤치마킹은 가장 짧고 가장 빠르게 성공을 가져온다 | 업태를 개발 할 때에는 10년 이상 지속하겠다는 각오로 임한다 | 큰 시장에 뛰어들 것을 우선으로 생각한다 | 차별화의 요소는 3개까지로 좁힐 것. 명확하게 말할 수 없다면 효과는 없음 | 매출–경비=이익 | 고정비를 막고, 손익분기점을 낮추는 것 | 개업자금은 가까운 곳에서부터 모으는 것

1 [무엇을 위해 경영을 하는 것인가] 경영목적은 명확하게 되어있는가?

인간의 활동은 그것이 어떤 것이든 목적이 존재한다.

물론 하는 일에 전부 목적이 필요한 것인가? 하고 묻는다면 그렇지 않을 수도 있지만 작은 것일지라도 경영에는 목적이 필요하다고 생각한다.

전쟁 직후의 시대라면 자기 자신이 오늘 밥을 먹는 것에만 필사적일 것이며 경영목적 같은 것 등은 생각하지 않고 오로지 일상적으로 활동하는 것만이 중요하다고 생각했을 것이다.

그러나 물질적으로 풍요로운 현대에서는 식사를 못해서 굶어 죽는다는 것은 이미 사라진 이야기다. 그런 풍요로운 시대야말로 어떤 업(業)을 하든 경영목적과 이념을 명확하게 가질 필요가 있다고 생각한다.

특히, 업종/업태가 성숙화한 외식업계는 경영자의 생각과 이념이 차별화 전략의 핵심이 되어 가는 시대에 돌입하였다.

그러므로 [무엇을 위해 경영하는가?] 하는 질문에 대해서는 경영자 스스로 마음 속에 있는 진심의 목적을 기본으로 하지 않으면 답을 낼 수 없을 것이다. 이러한 진심의 목적 없이 단순히 자기 자신의 욕심만으로 앞으로 나갈 경우에는 경영활동에 대한 열정이 조금이라도 없어지는 순간, 모든 것이 무너져 버리고 말 것이다.

점차 이런 시대가 되어가고 있는 것이다.

2 우선은 참가시장을 선택해 뽑자

[어떤 비즈니스를 할까? 를 고르는 시점에서 사업성공의 80%가 결정된다] 라는 말이 있다. 이는 매우 중요한 말이다. 외식사업에서 승패라는 것을 결정함에 있어서 어떤 업태를 할까 그리고 어느 장소에서 할까를 결정하는 것이 최초이자 최대의 의사결정이 된다. 이 의사결정이 비즈니스의 성공 80%를 결정하므로 가장 중요하게 진행하지 않으면 안 된다는 것은 말할 것 까지도 없다.

물론, [이 시장을 선택한다면 반드시 성공할 수 있다] 라는 것은 없다.

그러나 [이 시장을 선택한다면 고전할 것이다] 라는 분야는 몇 개 있다.

최근에 붐이 일고 있는 업태를 매력적이라 판단하고 깊은 고려 없이 고르게 된다면 꽤 높은 확률로 실패하게 될 것이다.

예컨대, 한때 유행했던 칭기즈칸 요리 시장이 현재 어떻게 되고 있는가를 본다면 틀림없다. 역시, [규모가 크고 안정된 시장을 대상으로 절대적인 차별성을 가지고] 참여하는 것이, 존재하지 않는 시장을 제로부터 만들어내는 것보다도 성공의 확률을 높이게 될 것으로 생각한다.

그러므로 이미 커지고 안정적인 시장이 무엇인가를 파악해서 이 시장에의 일부를 획득하는 방법을 찾아보도록 하자.

3 음식점의 성공요인은 메뉴와 분위기 +[좋은 입지를 싸게 빌리는 것]

해야할 사업분야를 선정했다면 성공할 수 있는 요인이 무엇인지 알아야 한다.

경영이라는 것은 자원의 조직화다. 그러므로 한정된 자원을 유효하게 활용할 수 없는 한 외식산업이라는 치열한 시장에서 살아남는 것은 불가능할 것이다.

즉, 성공을 거두어들이기 위해 가장 최우선으로 중요하다고 생각되는 요인은 [자기가 가진 최대한의 자원을 투입하지 않으면 안 된다는 것]이다.

음식점의 성공요인은 기본적으로 메뉴와 분위기지만 현재의 외식시장에서 살아 남기 위해서는 더욱[좋은 입지를 싸게 빌리는 것]이 메뉴와 분위기 같은 요소에 우선하는 성공의 절대조건이라고 생각한다.

필자는 외식산업에 뛰어든 10년 전 외식점의 성공요인을 메뉴와 분위기라고 특정 지었던 바 있다.

그런데 지금 시대에는 메뉴가 맛있고 분위기가 좋은 것은 성공에 있어서 최소한의 필요 조건이다.

[같은 레벨의 음식점을 출점 할 때 무엇보다도 중요한 성공조건은 입지이다.] 그러나 입지가 아무리 중요하다 하더라도 임대료가 비싸다면 남는 것이 없다는 점은 고려해야 할 것이다.

4 벤치마킹은 가장 짧고 가장 빠르게 성공을 가져온다

신 업태를 개발할 때에 제일 견실하게 성공을 거두어들일 수 있는 방법은 벤치마킹이라고 생각한다. 벤치마킹이라는 것은 간단하게 말하면 성공한 매장을 보고 장점을 베끼는 것이다.

물론, 왜 그 가게가 번창하고 있는가? 를 냉정하게 생각할 필요도 있다.

예를 들어 일본에서 전국규모의 지명도를 가진 일부 라면집 등은 미디어의 힘에 의존함으로써 사람들을 끌어들이고 있기 때문에 맛과 메뉴를 베끼는 것에는 의미가 없다.

그러나 순수하게 상품력에 의해서 번성하고 있는 가게를 벤치마킹 하는 것은 당신의 성공을 가장 짧고 가장 빠르게 실현해주는 유효한 경영 수법이다.

베낀다고 하면 어감이 주는 의미가 나쁘다고 생각할지도 모르겠지만 대기업 체인점의 업태 중에서도 벤치마킹으로 인해 만들어진 것들이 의외로 많이 있는 것을 볼 수 있다.

우선은 잘 나가는 점포를 벤치마킹하여 업태의 기초를 만들어내고 개점 후에 철저하게 개선활동을 함으로써 오리지날 업태로 자라게 하는 것이 가장 견실한 업태개발수법일 것이다.

5 업태를 개발 할 때에는 10년 이상 지속하겠다는 각오로 임한다

일반적으로 외식산업에 있어서 업태의 수명은 점점 짧아지고 있다. 그렇다고 해도 신규로 업태를 개발할 때에는 10년 이상 지속하겠다는 각오로 임하는 것이 좋겠다고 생각한다.

[업태 3년 설] 이라는 개념은 외식산업에 적용된지 오래되었지만 3년밖에 가지고 있지 않을 점포라면 아예 애초부터 하지 않는 것이 낫다고 생각하지 않는가?

게다가 항상 손님의 욕구(Needs)를 읽어내고 욕구에 답할 수 있는 노력을 하게 된다면 업태가 3년밖에 가지 않는다는 것은 있을 수 없는 일이라고 생각한다.

실제로 같은 장소에서 같은 업태로 10년 이상 걸쳐서 지속적으로 이익을 낸 경우도 많이 있다.

잡지의 인터뷰 등에서 업태가 3년밖에 갈 수 없다고 발언하고 있는 경영자의 대부분은 유행에 너무나 민감한 분들이 아닐까? 라고 생각한다.

반대로 말하면 유행을 따라간다면 3년 밖에 지속 할 수 없을지도 모른다.

유행을 만든다는 것은 멋진 일일지 모르지만, 유행이라는 것은 일시적인 현상에 지나지 않는 것이다. 그런 이유에서 필자가 업태를 개발할 때에는 [최저라도 10년은 지속할 수 있나 제대로 된 업태인가 아닌가?] 하는 관점으로 판단한다.

단기간에 한 밑천하고 그걸로 끝이라고 생각하는 것은 경영감각이 없다는 증거이기도 하다.

6 큰 시장에 뛰어들 것을 우선으로 생각한다

상품에는 팔기 쉬운 상품과 팔기 어려운 상품이 있다. 팔기 쉬운 상품은 기본적으로 시장규모가 큰 상품이다. [음식점을 개인이 경영한다면 어떤 업태가 좋을까?] 를 생각할 경우가 많다.

예컨대, 여러 업태 중에서 견실하면서도 성공할 것 같은 업태를 하나 들자면 야키토리 같은 대중성 있는 이자카야 업태이다.

야키토리는 시장규모가 그 나름대로 크다고 해도 대기업이 차지하는 비율이 적기 때문이다. 같은 장소에 같은 단가, 같은 상품력 레벨인 가게를 연다고 가정하고 [꼬치구이]의 이자카야와 같은 꼬치 요리지만 [꼬치튀김]의 이자카야의 집객력을 이미지 해보자. 어떻게 돌려서 생각해봐도 [꼬치구이]쪽이 집객력이 강하다고 할 것이다.

집객의 용이함은 기본적으로 시장규모와 연결된다. 이미 큰 시장이 형성되어 있는 업계에 차별화 전략을 써서 참가하는 것은 당연하고 제일 견실한 기본 전략이다.

반대로 시장이 형성되어 있지 않은 상품을 파는 것은 정말로 힘든 일이다.

7 차별화의 요소는 3개까지로 좁힐 것. 명확하게 말할 수 없다면 효과는 없음

어떤 비즈니스라도 타사와의 차별화를 확립하는 것은 가장 중요한 전략과제라고 생각한다.

특히, 성숙기인 외식산업계는 차별화가 잘 될 수 없으면 성공할 수 없다. 그러므로 승패에 큰 임팩트를 주는 차별화를 구축한 다음에 차별화의 요소를 세가지까지로 좁히는 것이 필요하다.

만일, 차별화 요소가 네개 이상이 되면 오히려 초점에 벗어나는 경향이 발생할 수 있다.

예를 들면 규돈을 파는 요시노야집은 [맛있다 싸다 빠르다]의 3가지 문구만을 사용하였지만 상당히 알아듣기 쉽게 차별화 요소를 정리했다.

이렇게 알아듣기 쉬운 것이 굉장히 중요한 것이라고 생각한다. 우선은 손님이 보기 쉽고 종업원도 보기 쉽다.

명확하고 알아듣기 쉬운 차별화 만이 전략으로써 유효한 기능을 하는 것 아닐까?

비즈니스는 항상 심플한 것으로 해야 한다는 것이 필자의 주장이지만 심플해야 한다는 것에는 알기 쉽게 해야 한다는 의미도 있는 것이다.

8 매출−경비=이익

경영의 개념에서 가장 중요한 것 중의 하나는 이 [매출−경비=이익] 공식이라고 생각한다.

많은 사람들은 경영을 너무 어렵게 생각하는 경향이 있지만 우선은 이 공식만은 꼭 기억했으면 좋겠다.

단순하고 너무도 쉬운 공식이지만 무엇을 하든 이 공식만 성립되면 사업이 성공한다는 사실을 인식 할 필요가 있다. 경영은 예기치 않은 사태의 연속이다.

도로교통법 같은 법규의 변경과 개정 때문에 시장이 갑자기 작아지는 경우도 있고 음주운전의 문제, 조류 인플루엔자, 광우병 같은 각종 사회적 문제에 대한 매스컴의 정보 때문에 시장환경이 한번에 변화하는 경우도 적지 않다. 환경의 변화가 아무리 그렇다고 할지라도 매출보다도 경비가 작으면 어떤 변화 속에서도 사업은 지속이 가능할 것이다.

예측 불가능한 시대에 처한 경영자의 심리는 비관적으로 바뀔 테지만 그런 때 일 수록 우선 그 수식을 냉정하게 봐야 한다고 생각한다.

매출을 올리고 경비를 줄이면 이익은 최대가 되는 것은 당연하지만 그 당연한 것이 오히려 달성 할 수 없는 케이스 또한 의외로 많다.

여러 가지 재무 지표보다도 이 심플한 공식이야말로 사업을 지배하고 있는 기본 원리일 것이다.

9 고정비를 막고 손익분기점을 낮추는 것

외식사업에 있어서 필자의 지론 중 하나는 코스트를 철저히 낮추는 것이 결과적으로 큰 이익을 낳게 될 것이라는 것이다.

특히, 요즘 시대의 음식점 경영은 고정비를 얼마나 줄이는지가 경영의 큰 테마가 되고 있다.

음식점에 있어서 대표적인 고정비는 임대료, 정사원의 인건비, 감가상각비, 리스료 등을 들 수 있지만 그 중 가장 먼저 임대료, 감가상각비, 리스료를 낮추는 것이 중요하다고 생각한다.

임대에 있어서는 일정의 기준을 설정함으로써 애초부터 고액인 물건에는 손을 대지 않는 의사결정이 중요하다. 또 감가상각비와 리스료를 줄일 수 있는 것 역시 초기투자를 경제적이고 전략적으로 하는 방법밖에는 없다.

예를 들면 외식사업을 할 경우 당연한 듯이 설치하는 유선방송과 POS(point of sales) 계산대 앞의 단말기 같은 것 까지도 정말로 필요한 것인가를 생각할 필요가 있다.

그러나 정사원의 인건비는 낮춘다고 다 좋은 것은 아니다. 능력이 뛰어난 사람을 고용하면 돈이 많이 드는 것은 당연한 것이다. 중요한 것은 무능한 인간을 싸게 고용하는 것보다 그 나름대로 비싸고 유능한 인간을 고용하는 편이 경영적으로 훨씬 메리트가 있다는 점이다.

정사원의 경우는 코스트 측면에서만 보면 급료보다도 사람 수를 줄이는 관점으로 보는 것이 좋다.

10 개업자금은 가까운 곳에서부터 모으는 것

개업자금을 어떻게 모을 것인가는 이제부터 사업을 할 사람에게 매우 중요한 과제라고 생각한다. 많은 사람들은 돈이 없으면 사업을 포기해버리는 경향이 있지만 그렇다고 결코 포기할 필요가 없다.

'돈은 없는데 사업이 하고 싶다.'라는 사람에게 필자가 추천하는 것은 가까운 지인들에게 개업할 때 가게를 이용할 수 있는 [식사권]을 판매하는 방법이다. 보통 한 사람당 20만엔~30만엔 정도가 모으기 쉽다고 생각한다. 부모님과 형제는 물론 친척일동, 선배와 아는 사람 등등 돈을 내 줄 전망 있는 지인들부터 조금씩 넓게 돈을 모으는 것이다.

예를 들면 개업자금이 800만엔이 필요하다고 하는 상황에서 자기자금이 200만엔 밖에 없다고 하는 것은 종종 발생하는 상황이다. 금융권의 대출 금액의 상한선은 통상적으로 자기자금의 2배가 기준이기 때문에 아무리 대출을 해봐도 400만엔 밖에 빌릴 수 없고 800만엔은 어림도 없는 경우가 많다.

그러나 이 방법으로 돈을 모으면 어떨까? 한 사람 당 20만엔으로 하면 10명이면 모이는 금액이 200만 엔이 된다. 그럼 자기자금과 합쳐 400만엔이 되니 금융권으로부터 빌릴 수 있는 돈이 올라가므로 800만엔을 모을 수 있는 가능성이 한번에 올라간다.

이렇게까지 했음에도 누구도 빌려주지 않는다면 사업을 할 시기가 아닌 것으로 판단해야 하지 않을까?

2

입지 찾기-출점을 결정 할 때까지의 원리 원칙

| 우선은 출점 할 특정 장소를 정해보자 | 대량의 물건정보를 모으고 싶으면, FAX DM | 임대료가 비싼 물건에는 절대로 손대지 않는다 | [이 장소에서 20년 이상 장사를 계속하고 싶다고 생각하는가?]가 입지를 결정하는 최후의 질문이 된다 | 입지선정에 사용할 수 있는 유일한 데이터는 경쟁사의 매출 | 입지 찾기에서 편견을 버리면 보물을 찾을 수 있다 | 출점의 판단은 ROI가 전부이다 | ROI의 계산식 | 자본 회전율은 3회전 이상을 목표로 한다 | 같은 것을 하면 비슷한 결과가 나온다

11 우선은 출점 할 특정 장소를 정해보자

물건을 어떻게 찾으면 좋을까? 고민하고 있는 사람이 많을 것이라고 생각한다.

물건을 찾을 때 최초로 해야 할 것은 자신이 출점하고 싶은 장소를 선정 하는 것이다.

이제부터 개업하는 사람이라면 2~3개 정도를 후보장소로 선정해 두는 것이 좋지 않을까 생각한다.

1개의 장소만을 고집하면 물건을 찾을 때까지 시간이 많이 걸리는 리스크가 있기 때문이다.

또 후보 점포를 정하면 어찌됐든 몇 번이고 그 지역을 지나가거나 장시간을 살펴 봄으로써 지역의 특성과 분위기, 경쟁매장의 집객력의 상황을 리얼하게 살펴보고 파악하는 것이 중요하다.

[좋은 빈자리인가 아닌가?] [무너질 것 같은 매장은 아닌가?]의 상황에 따라 목적을 가지고 지역을 둘러보면 재미있는 발견을 하게 될 것이다.

그리고, 부동산 소개업소가 있다면 서슴없이 들어가 정보 수집 하는 것도 중요하다. 인근 부동산업자와는 한번 인간관계가 형성되면 협력해야 할 일이 많기 때문에 서로 알고 지냄으로써 친근한 관계로 발전하는 것이 중요하다.

점포개발업무는 발로 직접 뛰어 정보를 얻는 노력이 필요하다는 것을 알고 부지런히 정보수집을 하러 가자.

12 대량의 물건정보를 모으고 싶으면, FAX DM

발로 뛰어서 물건정보를 찾는 것은 기본 중의 기본이기 때문에 지속적으로 하는 것이 필요하지만 하루빨리 대량의 물건정보를 찾고 싶다면 부동산에 DM(Direct Mail) 직접 매일을 보내는 것이 좋다. FAX나 우편을 통해서 일제히 발송하는 것은 전문 대행사에게 부탁하는 것이 좋다고 생각한다.

물론 자기자신만의 부동산의 리스트를 가지고 있다면 한 건씩 FAX를 보내는 것도 좋다고 생각한다. 그때 DM의 종이에 반드시

1. 희망하는 물건 사이트
2. 임대료의 상한선
3. 이누끼 물건을 희망하고 있는 지

(*이누끼 : 가게 · 공장 등을 시설 · 가구 · 상품 등과 함께 통째로 팔거나 세놓음.)

4. 희망하는 지역
5. 로드사이트 물건이면 주차장의 수

는 꼭 명기하도록 하는 것이 좋다.

또 FAX를 송신하는 타이밍은 평일로 한정하는 것이 좋다. 일요일이나 공휴일에 보내면 월요일이나 그 다음날 버릴수 있으므로 그 점은 주의 할 필요가 있다.

FAX에 회신이 있다면 부동산에 반드시 방문하는 것이 좋겠고 관계를 원활하게 하도록 만드는 것 바람직하다.

향후에도 정기적으로 물건정보를 받을 수 있게 되기 때문이다.

13 임대료가 비싼 물건에는 절대로 손대지 않는다

다점포화를 한참 진행하고 있다면 당장은 출점계획에 얽매여 물건에 대해 냉정한 판단을 내릴 수 없는 경우가 자주 발생한다.

이번에 출점 목표는 7개 점포이지만 이대로는 계획을 달성 할 수 없을지도 모른다라는 불안감으로 인하여 나쁜 물건을 선택하는 일이 실제로 발생하곤 한다.

입지가 나쁜 물건을 고르지 않는 것은 간단한 일이고 비교적 쉬운 판단일 것이다. 하지만 입지는 뛰어나게 좋지만 임대료가 비싼 물건에는 마음을 흔들리는 경우가 많을 것이다.

음식점경영에서는 임대료를 낮추는 것은 가장 중요한 경영과제 중에 하나이다.

기준을 말하자면, 임대료의 상한선을 예상매출의 10%까지로 낮춰두는 것이 타당하다고 생각한다.

그리고 예상매출도 상당히 실질적인 숫자로 설정 해두지 않으면 안 된다. 실제로 예상매출이 너무 높으면 실패하는 케이스가 많기 때문이다.

결국, 수익성에 큰 영향을 주는 코스트에 매상의 10%가 상한선이라던가 평당 15,000엔까지라고 하는 것과 같이 구체적인 자사의 기준치를 정해두는 것이 매우 중요하다고 생각한다.

또한, 간판료 등이 고액인 상업시설에는 가급적이면 출점을 하는 것을 그만두는 것이 좋다.

통상적으로 그만큼 효과를 기대할 수 없는 경우가 많기 때문이다.

14 [이 장소에서 20년 이상 장사를 계속하고 싶다고 생각하는가?]가 입지를 결정하는 최후의 질문이 된다

외식업은 입지선택을 잘못하면 반드시 실패한다.

외식업 경영에 필요한 것은 메뉴보다도, 멋진 매장보다도, 우선하는 것이 고객(예상고객)의 존재다. 그런 의미에서 입지의 선정이라는 것은 외식업 경영의 성/패를 결정 짓는 중요한 요인이라고 말할 수 있다.

물고기가 없는 연못에는 어떤 솜씨 좋은 낚시꾼도 물고기를 낚을 수 없다. 반대로 물고기가 많은 곳에다가 경쟁상대도 적은 호조건이라면 낚시에 미숙한 사람도 물고기를 몇 마리 낚을 수 있다.

입지의 선정기준으로써 객관적인 데이터가 중요하다고 생각하는 사람은 많지만 출점 입지의 최종 판단은 경영자의 직감으로 진행할 수 밖에 없다. 그런 경우 중요한 것은 과거의 경험이다.

실패도 성공도 경험을 많이 하면 할수록 통찰력을 갈고 닦기 때문에 직감력이 따라오게 된다고 생각한다.

그런 어려움 끝에 입지를 선정할 때에는 최종적으로 [이 장소에서 20년 이상 장사를 계속하고 싶다고 생각하는가?] 라는 질문에 대해 반드시 자문자답을 해야 한다.

그런 질문을 던져 긍정의 답이 나온다면 출점을 결단해도 좋지 않을까?

15 입지선정에 사용할 수 있는 유일한 데이터는 경쟁사의 매출

앞에서 입지선정에서 객관적인 데이터라는 것은 그다지 신뢰하기 어렵다고 언급하였다.

그때의 데이터라고 하는 것은 주변인구와 통행량이라는 일반적인 입지 진단에 이용할 수 있는 지표를 가리킨다. 대기업 체인점은 각 지점의 데이터를 기본으로 정확한 매상예측을 세우는 것에 도전하고 있지만 정보의 양이 너무 많아 잘 판단하기 힘들다고 한다.

데이터보다도 직감이 뛰어나다고 하는 것은 좌뇌보다도 우뇌의 데이터처리능력이 압도적으로 뛰어나기 때문일지도 모른다. 그렇지만 필자가 입지를 선정할 때 가장 중요시하는 데이터를 한가지 들자면 그것은 근처 경쟁점의 매출이다.

주변의 음식점에 손님이 들어가지 않는 입지는 출점 후 확실하게 고전한다.

반대로 근처 경쟁점을 통틀어 매상이 높은 입지는 성공할 확률이 높다고 말할 수 있다.

주변의 음식점에 손님들이 들어가지 않는다고 해도 자신이라면 성공 할 수 있다고 생각하는 사람이 많지만 그것은 착각일 뿐이다.

구체적으로 경쟁사의 음식점이 얼마나 팔리고 있는지를 알고 싶다면 발로 뛰어서 집객 상황을 시찰하는 것이 중요하다. 그렇게 하면 바로 예측을 보다 쉽게 할 수 있다.

집객 상황이란 숨길 수가 없는 확실한 데이터이기 때문이다.

16 입지 찾기에서 편견을 버리면 보물을 찾을 수 있다

좋은 입지를 선정할 때에 가장 크게 장애가 되는 것은 자기자신의 편견이다. 그 편견이 있는 한 입지의 진실한 모습을 지나쳐버리기 십상이다.

예를 들어 아이치현에는 도요타 시라고 하는 지역이 있다. 도요타 시는 필자가 사는 곳이기도 하다. 아는 사람도 많겠지만 도요타 시는 도요타 자동차의 공장이 있는 곳으로 유명하다.

그런 이미지로부터 [도요타시는 도요타자동차관련의 회사에 다니는 사람이 많기 때문에 절대로 음주운전을 하지 않는다]라는 편견을 쉽게 가지게 된다.

다시 말해서, [음주운전을 하면 회사에서 좋은 평가를 못 받게 되므로 이자카야는 성공할 수 없겠지.]라는 선입견을 쉽게 갖게 된다.

그러나 잘 조사해보면 도요타 시는 어느 음식점이나 음식과 주류의 매출이 대단히 높게 나오고 있는 지역 중의 하나이다. *기후(현)도 비슷하다. 중부지역에서는 기후(현)라고 하면 불경기의 대명사처럼 이미지가 정착해있다. 그러나 음식점의 매상이 낮은가 하면 결코 그렇지 않다.

이렇듯 사람들의 편견에 의해 출점 후보지로부터 벗어나는 판단을 하게 되고 이는 큰 기회손실을 만들어낸다.

입지에 대해서는 일단 편견을 버리고 진실을 열심히 찾는 것이 무엇보다도 중요하다고 생각한다.

*기후현(岐阜縣): 일본 혼슈(本州) 중서부에 있는 행정지역

17 출점의 판단은 ROI가 전부이다

[돈을 번다]라는 말의 수학적 근거는 [얼마나 투자해서 얼마의 리턴이 있는가?]를 나타내는 지표이다. 이를 잘 알아볼 수 있는 자료로서 투자수익률 (Return On Investment 줄여서 ROI) 이외에는 없다고 생각한다.

[돈을 번다]라는 말의 실현지표가 ROI라고 한다면 출점 할지 안 할지의 판단도 그 지표를 근거로 하여 내릴 필요가 있다.

ROI의 개념은 결코 출점의 척도로만 쓰이는 것은 아니다. 오히려 경영상의 모든 판단의 척도가 된다. 예를 들어 사람을 고용한다, 광고를 게재한다, 메뉴 북을 만든다, 라는 것 또한 전부 투자행위라고 할 수 있다.

투자라고 정의한 이상은 비용 대 효과를 상당히 의식 해야 한다. 그리고 투자한 돈 이상의 이익을 회수할 수 없다는 판단이 든다면 그런 투자는 하지 말아야 한다. 진정한 경영자는 결코 손해 보는 행동을 해서는 안 된다.

경영자의 행동은 판단의 연속이다. 돈을 쓰는 판단을 내릴 때에는 항상 그 투자가 얼마나 이익을 낳을 것인가를 계산하는 습관을 들이는 것이 절대적으로 필요하다.

즉, ROI를 계산하는 습관은 외식경영자에게 있어서 매우 중요하다고 생각한다.

18 ROI의 계산식

ROI는

1. 영업이익률×자본회전율(%)
2. 영업이익액÷투자액×100(%)

중에 어느 것으로도 산출할 수 있다.

덧붙여 영업이익률이라는 것은 영업이익을 매출로 나누면 계산해 낼 수 있다.

투자액이라는 것은 회사에 따라서 다르지만 투자의 항목으로는 부동산의 보증금, 접시와 조리기구 같은 비품액, 주방기구 등 전부를 투자로써 포함하여 계산하는 것을 추천한다.

여기서는 영업이익액을 이익의 지표로써 쓰고 있지만 경영 상 의사결정에 사용하는 이익은 경상이익 등 세금 제한 후 이익도 상관없다.

투자수익율은 어디까지나 관리회계의 영역으로 경영판단에 사용하는 지표이므로 경영자 자신이 판단하기 쉽다면 어느 것을 써도 괜찮다. 여기서 중요한 것은 한 개의 계산식으로 통일 하는 것이다.

점포 수의 증가에 따라 점포마다의 ROI 데이터가 정리되어 왔다면 이를 통해서 저절로 자사의 투자수익율 기준을 확립 할 수 있을 것이다.

19 자본 회전율은 3회전 이상을 목표로 한다

ROI의 계산식을 보면 알 수 있겠지만 ROI 수치를 높이기 위해서는 영업 이익률을 높일 것인가와 자본회전율을 올릴 것인가의 2가지 의사결정으로 좁힐 수 있다. 물론 둘 다 중요한 지표지만 벤처기업과 중소기업의 경영 관점에서 볼 때 중요한 것은 자본회전율을 올리는 것이라고 단언한다. 왜냐하면, 외식시장이 경쟁이 치열해 짐에 따라서 영업이익률은 축소경향이 있는 것이 현실이다. 게다가 인건비와 임대료 등의 코스트도 상승하는 경향이 있기 때문에 현재의 상황에서는 영업이익률을 높이는 시도가 어려워졌기 때문이다.

필자의 경험에 의하면, 내 회사가 다섯개 정도의 점포일 때는 평균 영업이익률이 32%를 넘었었던 적이 있다. (여기서 영업이익률은 감가상각 후의 이익률을 말한다.)

그러나 현재 이런 영업이익을 내고 있는 음식점은 많지 않다. 15% 이상의 영업이익률이면 합격선이라고 생각한다. 그만큼 이익률을 높이는 것이 어려워졌기 때문이다. 그러나 자본회전율은 별개다. 왜냐하면 많은 음식점이 폐업하기 때문에 이누끼 물건의 확보가 용이하기 때문이다.

이누끼 물건을 잘 활용한다면 자본회전율을 간단하게 높이는 것을 기대 할 수 있다.

구체적으로 목표를 잡자면 3회전 이상을 목표로 해야 한다고 생각한다.

20 같은 것을 하면 비슷한 결과가 나온다

필자는 비즈니스라는 것은 [같은 것을 한다면 비슷한 결과가 나온다]라고 자주 말한다.

현재 대기업 패밀리 레스토랑들의 이익수준은 그다지 큰 차이가 없다. (물론 약간의 차이는 있지만, 극적인 차이라고는 말할 수 없다.)

비즈니스모델이 거의 같기 때문에 극적인 차가 나올 리가 없기 때문이다. ROI도 마찬가지다.

[자본회전율 2회전 × 영업 이익률 20%=40%]를 ROI의 자사기준으로 정하면 좋다.

매출예측과 손익계산서, 투자코스트의 시뮬레이션을 하고 ROI 40%가 예상된다면 출점을 의사결정 하는 것이다. 이 숫자는 이자카야를 출점 할 때의 예로써 외식업에 있어서 하나의 판단기준으로써 좋다고 생각한다. 물론 점포수가 적다면 그 이상의 수를 목표로 할 필요가 있지만 점포를 확장 할수록 머지않아 이것에 가까운 수준에 정착한다는 것을 알아둘 필요가 있다.

이전에 [1억엔 투자를 하면 년간 1억엔의 이익을 낸다]고 호언장담했던 이자카야의 사장이 있었지만 그 이야기를 하고 나서는 4년 후 도산했다. 무리한 이익을 쫓다가 손님들이 멀어지는 리스크가 높아졌기 때문이다.

3 메뉴의 원리원칙

| 음식점 성공의 요인은 언제나 상품력 | 경영자도 요리의 지식은 몸에 익혀두는 것이 좋다 | 메뉴개발의 요령은 2가지밖에 없다 | 한가지 집중전략으로 간판상품을 만들어낸다 | 히트상품의 관리는 선택식수로 하자 | 메뉴 개정의 룰은 한 가지밖에 없다 | 점포에서 가지고 있는 식재는 너무 늘리지 말 것 | 개인점 경영을 지향한다면, 원가율을 조금 비싸게 설정하는 것이 중요하다 | 이제부터의 시대는 네트워크를 잘 활용해야 한다

21 음식점 성공의 요인은 언제나 상품력

음식점은 기본적으로 식사를 하는 장소이기 때문에 업종/업태를 불문하고 상품력이라는 것을 잘 이해해두지 않으면 안 된다.

[어느 음식점에서나 있는 기본적인 메뉴이지만 다른 어느 곳보다도 맛있다] 라는 상태야말로 상품력이 있는 상태라고 생각한다.

상품력이라는 것은 메뉴의 기발함과 참신함을 요구하는 것은 아니다. 예컨대 볼륨 있게 수북이 담는 것, 이름을 기발하게 짓기, 메뉴 북을 만드는 것 등등은 상품력을 높이는데 있어서 굉장히 중요한 요소이긴 하지만 가장 중요한 것은 [맛]이 좋아야 한다는 것이다.

그것을 위해서는 항상 식재를 까다롭게 고르는 자세와 좋은 맛을 만들어 내기 위한 개선활동을 끊이지 않고 하는 것이 중요하다고 생각한다.

상품의 성공요인인 [맛]이라고 하는 본질을 빗나가지 않는 자세야말로 경영자에게는 필요한 것이다. 그리고 상품력이 없는 음식점은 장기적으로 번영할 수 없다는 것을 늘 염두에 두어야 한다.

22 경영자도 요리의 지식은 몸에 익혀두는 것이 좋다

음식점 경영에서 음식 맛이 나쁘면 실패한다. 너무도 당연한 말이지만 음식점 중에는 음식의 맛이 좋다고 말할 수 없는 곳이 많이 존재하고 있는 것이 현실이다.

[왜 맛있지 않은 요리를 제공하는가?] 라는 물음의 답에 대해 한가지로는 대답할 수 없겠지만 가장 큰 이유로 들 수 있는 것은 경영자 스스로의 미각이 키워지지 않았다는 것을 들 수 있다.

그런 관점에서 경영자라고해도 요리 수업은 해두는 것이 좋다고 생각한다.

경영의 능력과 요리를 만드는 능력은 별개이기 때문에 관계가 없다고 생각할지 모르지만 요리를 해온 경영자의 음식점에는 뭔가 느낌이 있다.

조리의 일을 경험하면 미각이 발달하여 매장에서 제공하는 상품의 레벨이 높아지기 때문이다. 또 미각을 더 높이기 위해서 맛있는 것을 먹어보는 것이 절대적으로 필요하다. 자신이 먹어 본 요리 이상의 맛있는 요리를 만드는 것은 불가능하기 때문이다.

어느 한 지역에 뿌리 내려 길게 장사를 하려면 요리의 맛이 절대조건이 되기 때문에 꼭 요리 공부를 해두는 것이 좋다고 생각한다.

23 메뉴개발의 요령은 2가지밖에 없다

메뉴 개발은 외식기업에 있어서 목숨이라고까지 말할 수 있는 활동이다.

항상 손님이 질리지 않도록 새로운 메뉴의 개발을 지속하는 것이 외식기업이 갖는 숙명이라고 할 수 있다. 나는 메뉴개발의 요령은 2가지밖에 없다고 생각한다.

첫 번째는 어느 음식점에나 있는 스탠다드한 메뉴를 알기 쉽게 차별화하는 것이다.

이자캬야 업태라면 새우 마요네즈와 계란말이, 샐러드 등에 무언가 특징을 만들어내는 것이다. 물론 제일 중요한 것은 맛의 차별성이다.

두 번째는 인기 있는 식재끼리 또는 인기 있는 식재와 조리법을 섞는 법이다.

푸아그라와 성게 그라탕, 명란 계란 말이 등이 메뉴의 예이다.

성게는 고급 식재로써 인기가 있고 그라탕이라는 것은 이자카야에서 항상 인기 있는 요리이다.

명란젓도 상당히 인기가 높은 식재이고 계란 말이도 기본 중에 기본인 메뉴이다.

원래는 성공과 실패가 많은 창작요리도 이 개발수법을 취한다면 완전히 인기 없이 성공을 빗나가는 메뉴는 적어지게 될 것이다.

24 한가지 집중전략으로 간판상품을 만들어낸다

진심으로 무언가 잡으려고 할 때에 그 한가지에 집중하는 것은 전략의 기본이라고 생각한다.

메뉴 전략도 그것과 같다.

음식점경영을 성공으로 이끄는 것은 손님의 마음에 남고 소비자에게 구매 욕구가 생기도록 하는 메뉴가 필수이다. 즉, 명물요리가 필요하지만 명물요리라는 것은 매장 측의 도움이 없으면 만들어 낼 수 없다. 상품이라는 것은 만드는 것보다도 파는 쪽이 중요하다.

그때의 판매 수법은 확실하게 한가지에 집중하는 전략이 필요하다고 생각한다.

광고 선전과 잡지 등 취재에 응할 때에는 반드시 집중해야 할 상품을 꼭 게재하도록 하고 메뉴 북을 만들 때에는 더욱 큰 공간을 할애해서 손님들로부터 주문을 받을 때에 한마디 추천할 수 있도록 함으로써 철저하게 판매촉진을 하는 것이 중요하다. 그렇게 함으로써 실제로 고객이 먹을 수 있도록 노력을 해야 한다.

이런 철저한 행동으로 1년 정도면 시장에서 인지된다고 생각한다.

단, 정말로 자신이 있는 상품이 아니라면 팔리면 팔릴수록 마이너스의 결과를 낳는다는 것을 주의해야 한다.

25 히트상품의 관리는 선택식수로 하자

음식점은 지속적인 메뉴변경을 실시하지 않으면 매상을 유지할 수 없다.

이때에 중요한 것은 데이터를 근거로 해서 메뉴교체를 실시하는 자세라고 생각한다.

메뉴의 히트상품을 잡기 위해서 객관적인 데이터로서 유용하게 사용할 수 있는 것이 [선택식수]라고 하는 지표이다. 선택식수를 계산해 내려면 두 가지 숫자가 필요하다.

첫 번째는 매월의 출품 메뉴 수

두 번째는 매월의 객수

선택식수라고 하는 것은 매 월 단품마다의 출품 메뉴 수를 손님의 수로 나누고 그것에 100을 곱한 숫자를 말한다. 이는 100명의 손님이 내점 했을 때 몇인 분이 팔리는 지의 숫자를 나타낸다.

어떤 메뉴가 고객의 지지를 얻고 있는가를 아는 데 있어서 [선택식수]라는 것은 사용하기 매우 편리한 지표라고 말할 수 있다.

매월의 신규출품 수가 아닌 매출과 이익액에 따라 메뉴를 관리하는 방법도 있다. 하지만 이렇게 관리하게 된다면 겉으로는 가게의 상황이 개선될 수 있다는 느낌이 들지는 모르지만, 과연 고객이 좋아하게 되었는가? 라는 것과는 별개의 문제가 된다.

손님의 선호를 알고 그것에 답할 수 있다면 매출도 이익도 후에는 따라붙는 것이 아닐까?

26 메뉴 개정의 룰은 한 가지밖에 없다

메뉴개정을 할 때의 절대적 원칙은 한 가지밖에 없다고 생각한다.

그것은 [인기 있는 것을 보다 많이 팔도록 노력하고 인기 없는 것은 과감히 잘라낸다]라는 것이다.

특히 [인기 있는 것을 보다 많이 판다]는 것은 사업의 기본 중에 기본이라고 생각한다.

[인기가 있으니까 그걸로 좋다]는 것에 그칠 것이 아니라 인기 있는 상품이야말로 더욱 갈고 닦아 더 인기 있는 상품으로 키워갈 필요가 있다는 것이다.

반대로 인기 없는 상품은 신속하게 잘라내서 인기 있을 전망이 있는 신 메뉴로 교체할 필요가 있다. 이때 채택하는 신 메뉴는 사전에 계절의 추천메뉴로써 테스트 해두면 실패를 방지할 수 있다.

덧붙여 말하면 선택식수의 목표로써 2를 못 넘는 것은 폐기 메뉴 후보로 관리하고, 20을 넘는 것은 한층 더 개량하는 것을 실행해보라.

물론 상품 수가 적은 업태에서는 이 목표의 숫자가 올라가게 될 것이다.

이러한 일련의 작업을 몇 년 반복함으로써 보다 높은 레벨의 스타메뉴로 승화해가는 것이다.

27 점포에서 가지고 있는 식재는 너무 늘리지 말 것

이자카야처럼 메뉴 품목이 많은 업태는 어떻게 하든지 다품종의 식재를 필요로 하게 되지만 되도록이면 식재의 수를 늘리지 않도록 공통화 해야 할 필요가 있다. 이런 관점에서 메뉴의 품목을 늘리는 것을 신중하게 생각해 보아야 한다. 식재의 종류가 늘어나면 관리가 제대로 될 수 없게 되고 로스도 늘어나게 된다. 또 식재의 수만이 아니라 식재의 처리 방법을 공통화 해가는 관점도 똑같이 중요하다.

예를 들어 파를 양념으로 사용할 때에 쪽파를 사용하면서 대파도 동시에 사용하는 상태는 좋지 않다.

오일 하나에 있어서도 샐러드기름은 물론 올리브오일과 피넛오일 등 요리마다 [이 맛이 아니면 안돼] 라는 고집을 가지게 되면 식재의 종류가 제한 없이 늘어만 가게 될 것이다.

요리에 대한 고집은 상당히 중요하지만 손님이 그만큼 가치를 느끼지 못하는 부분에 대해서는 철저하게 효율을 구하는 쪽이 좋다고 생각하다.

28 개인점 경영을 지향한다면 원가율을 조금 비싸게 설정하는 것이 중요하다

음식점을 시작하는 분 중에서는 점포의 수를 절대로 늘리고 싶지 않다고 생각하는 사람도 있다.

단 한개의 점포만을 중요하게 경영하는 것은 애착과 고집이 강한 스타일로 볼 수 있고 그 스타일은 좋은 선택이라고 생각한다.

필자가 생각하는 개인경영의 최대의 이점은 자신이 현장에 나와서 일하는 것으로 인건비를 절감할 수 있다는 것이다. 반면에 원가율을 높이는 것은 조심스럽게 고려해 보아야 할 포인트다. 시대의 변화에 따라 소비자의 지향성은 큰 변화가 보이지만 절대적으로 변하지 않는 보편적인 가치관은 [싸고 맛있는 점포가 고객들로부터 지지 받고] 있다는 것이다. 여기에서 말하는 싸다는 것은 절대적으로 가격이 싸다는 것이 아니라 요리의 품질에 비해서 가격이 싸다는 것을 말한다. 이런 가격감각이 있는 점포는 장기적으로 성장 할 수 있다.

반대로 말하면 자신보다도 경쟁력이 있는 음식점과 맞서서 경쟁하려면 식재에 돈을 들이는 것 이외에 취할 수 있는 전략은 별로 없을 것이다.

원가율을 높게 설정해서 제공하는 메뉴의 품질을 높이고 한편으로는 코스트 절감을 시도하는 행동이 개인점포 경영을 성공시키는 왕도가 될 것이다.

29 이제부터의 시대는 네트워크를 잘 활용해야 한다

과거와는 달리 이제부터의 음식점 경영은 [나 혼자 잘하면 그만이다] 라는 개인주의에 구애 받는 한 성공적이지 않을 것이다.

이것은 메뉴개발이라는 음식점 경영활동 중 하나에도 적용되는 논리가 된다.

메뉴의 개발 활동을 전문 요리사에게만 맡기는 것은 [매력이 있는 상품을 지속적으로 개발한다] 라는 관점에서 보면 결코 좋은 방법이라 할 수 없다. (물론 좋은 면이 있는 것도 사실이지만)

개인주의에 구애 받지 않는 생각은 의미는 예를 들어 [상당히 조리기술이 좋은 요리사]와 [맛있는 요리를 제공하고 있는 음식점]과 업무제휴를 과감하게 진행하는 것을 말한다.

과거에 실제로 조리기술이 좋은 것에 감동을 받아서 그 요리사에게 상품개발을 의뢰하였던 시절이 있었다. 물론, 그때는 한 요리사에 의해서 히트상품을 몇 개나 만들어 낼 수 있었고 경영성과에 상당히 도움을 받았었다. 예컨대, 신규사업으로 라면집을 개업할 때에 매우 유명한 가게의 라이센스를 구입해 상품 레시피를 비롯한 전체를 그 매장의 것을 사용하는 것과 같은 것이다.

이런 상품개발의 수법은 나름대로 유효한 성과를 낼 수 있었다고 생각한다.

그러나 요리사라는 것은 어느 정도 솜씨가 있는 사람이라도 언젠가 반드시 매너리즘에 빠지게 마련이다.

어떤 장사라도 손님들이 질리면 끝이기 때문에 이런 외부의 노하우와 인재와의 네트워크를 구축하여 상당히 신선한 메뉴를 제공하는 것을 생각해보면 어떨까

4 매장 매니지먼트의 원리원칙

| 접객 서비스라는 것은 단순히 고객의 입장에 서서 행동하는 것 | [무엇을 위해 매장을 경영하고 있는가?] 우선은 이념의 교육부터 | 최고의 경영상태를 매일 이미지하고, 전체 스탭에게 전달하려는 노력을 | 점포에서 관리해야만 하는 숫자는 원가율과 아르바이트의 인건비 | 원가율관리의 포인트는 폐기(로스)의 삭감과 레시피 준수에 있다 | 재고조사 업무를 절대로 가볍게 보지 말 것 | 데이터를 근거로 한 예상매출을 정교화하면 인건비 낭비는 없어진다 | 매일매일 결산하여 리얼타임의 숫자를 파악하자 | 손익계산서의 예산과 실적의 차를 파악하여 점포의 성과를 잡아가자 | 숫자를 읽을 때, 제일 중요한 것은 흐름을 읽어 대국적으로 판단을 내리는 것

30 접객 서비스라는 것은 단순히 고객의 입장에 서서 행동하는 것

접객 서비스에서 중요한 것은 미소와 활기라고 생각한다. 음식점에 오는 손님들은 요리를 즐기기도 하지만 가게에서 보내는 시간 그 자체를 기대하기도 한다.

고객이 즐거운 시간을 보내기 위해서는 매장의 분위기가 미소와 활기로 둘러 쌓여 있어야 한다. 매장의 분위기를 만드는데 중요한 것은 종업원이기 때문에 채용단계에서 인성이 좋은 인재를 선택하는 것이 큰 포인트이다.

다음의 단계로서 눈치 빠른 서비스를 해야 좋은 평가를 받을 수 있다. 분위기를 좋게 한다는 것은 매뉴얼을 통해서 절대로 구현하거나 표현 할 수 없는 것들이다. [손님이 보고 눈치 빠르다고 생각하는 상태]를 정의해서 매뉴얼에 넣어보려고 하는 외식기업도 있지만 그런 기업 점포의 접객 레벨은 일반적으로 낮은 것을 볼 수 있다.

어떻게 말해도 손님 한 사람 한 사람이 생각하고 있는 것과 우리 스스로 해주고자 하는 것은 서로 다르다.

손님을 보고 [이 손님에게는 무엇을 해드리면 좋을까?]를 스태프 한 사람이 한 사람이 스스로 생각하고 행동하도록 하는 매장풍토를 만들어내지 않는 한 서비스가 좋은 가게로는 키워지지 않는다.

자신이 그 손님의 입장이라면 어떻게 해줬으면 좋겠는지를 생각하고 실행하는 것, 그런 당연한 것을 다 구현해 낼 수 있다면 손님의 신뢰를 얻을 수 있을 것이다.

31 [무엇을 위해 매장을 경영하고 있는가?] 우선은 이념의 교육부터

직원을 교육하는 것은 순서가 정말 중요하다.

제일 처음에 반드시 실시해야 하는 교육으로는 [무엇을 위해 이 매장을 경영하고 있는가?] 라는 당신의 경영이념을 스태프 한 사람 한 사람의 마음에 남을 때까지 이해시키는 것이다.

신입 교육연수이든 중도 교육이든 우선은 매장의 경영이념을 이해시키는 것부터 해야 한다고 생각한다. 그런 이념에 공감해 주는 직원부터 순서대로 실무적인 작업을 가르쳐야 한다. 그때 매뉴얼이 있다면 우선은 거기에 따라 교육을 진행해가면 좋다.

손님이 불쾌한 생각을 하지 않도록 하는 것이 정말 중요하다. 그러기 위해서는 점포가 작더라도 경영이념을 이해시키는 것을 우선으로 교육하고 다음으로 미소를 띠고 활기를 낼 수 있도록 교육하는 것이 순서이다. 그 후에 가서 매뉴얼화 작업을 한다면 그 노력에 상응하는 좋은 결과를 얻게 될 것이다.

궁극적으로는 손님에게 감동을 줄 수 있는 수준의 서비스 실현이 목표가 될 테지만 그 수준의 접객평가를 얻으려면 어찌됐든 손님을 아는 노력이 절대적으로 필요하다.

접객은 정보전이나 마찬가지다. 고객이 요구하는 서비스를 제공하려면 상대를 아는 것 이외에는 없기 때문이다.

32 최고의 경영상태를 매일 이미지하고 전체 직원에게 전달하려는 노력을

아카즈카 겐키라는 사람은 [리더에게 중요한 것은 이미지화 하는 힘]이라고 주장하였다. 필자는 이에 완전히 동감한다.

왜냐하면, 현실이라는 것은 인간이 머릿속에 이미지 한 모양에 따라가는 세상이기 때문이다.

경영자는 장래의 회사의 모습을 명확하게 이미지화 하지 않으면 안되지만 그것보다도 먼저 우선 자신이 경영하는 음식점의 최고 영업상태를 이미지화 하는 것이 중요하다고 생각한다.

단지 손님을 기쁘게 해드리는 것 만으로 경영활동은 지속될 수 없기 때문이다.

[요리를 만드는 타이밍 인사의 방법 요리내용 매장의 분위기] 등 꽤 상세한 부분까지 상세하게 이미지화 할 필요가 있다. 또 그 이미지는 매일매일 반복할 필요가 있다.

자신의 비전과 꿈을 실현하는 이미지를 지속하는 끈기가 필요하다. 그리고 무엇보다도 그 이미지를 전 종업원들에게 끈기 있게 전달하는 것밖에는 성과 내는 길이 없다고 생각한다. 자신의 이미지의 레벨을 높이고 끈기 있게 전달하려는 노력을 하여 최고의 영업상태를 실현해 가도록 하자.

33 점포에서 관리해야만 하는 숫자는 원가율과 아르바이트의 인건비

경비에는 [고정비]와 [변동비]의 두 종류가 있다.

간단히 설명하면 [고정비]라는 것은 매출이 0엔이라도 상관없이 항상 반드시 발생하는 경비로

대표적인 것은 임대료 같은 비용이다. 매장을 열지 않아서 손님들이 오지 않아도 매월 고정적으로 돈이 나가게 되므로 이를 [고정비]라고 부른다.

[변동비]는 매출의 증감에 따라 변동하는 경비로 대표적인 것은 음식원가와 아르바이트 인건비 같은 것이다.

[고정비]는 출점한 시점에서 이미 확정되어 있는 비용이기 때문에 관리한다는 것이 어렵다. 반면에 오픈 후 운영하면서 점포의 책임으로서 관리할 수 있는 비용은 대부분 [변동비]인 것이다.

두 가지의 코스트는 점장의 책임으로 확실하게 관리할 필요가 있다.

코스트관리는 금액이 큰 것부터 순서대로 힘을 써주지 않으면 안 된다. 가스비와 전기비를 관리하는 것도 중요하지만 이는 노력만큼 큰 코스트 삭감을 실현 할 수 없다.

매장의 계수관리를 생각할 때는 음식점에 따라 제일 큰 코스트인 식재원가와 아르바이트 인건비 관리부터 철저하게 시작할 필요가 있다.

34 원가율관리의 포인트는 폐기(로스)의 삭감과 레시피 준수에 있다

점포의 원가율을 관리하기 위해서는 크게 두 가지 방법이 있다.

첫 번째는 폐기(로스)를 없애는 것이다. 이론적으로는 그 날의 필요한 식재가 필요한 만큼만 재고로 저장되어 있다면 로스는 발생하지 않게 될 것이다. 그것을 위해서 발주의 정확성이 필요하지만 완벽한 발주를 실현하는 것은 현실적으로는 어렵다. 따라서 우선은 폐기가 발생하기 쉬운 식재를 사용하는 메뉴부터 판매하는 방법을 생각해가면 좋을 것이다. 예를 들면 홀 스탭이 추천 판매를 철저하게 하는 것만으로도 놀랄 만큼 많은 주문을 받을 수 있다. 또 남는 식재가 있다면 이를 정리해서 일일 반찬으로 만들어도 좋다고 생각한다.

두 번째는 이미 정해놓은 레시피를 철저하게 실현하는 것이다.

일 인분 분량의 규정 레시피보다도 훨씬 많이 사용하는 종업원이 의외로 많고 그 결과로 원가율이 올라가게 된다. 따라서 우선 종업원들에게 레시피를 암기시키는 것이 중요하다.

점포의 조리작업은 되도록이면 단순화 하는 것이 좋다. 예를 들어 90cc 드레싱을 샐러드에 뿌릴 때 [60cc 국자에 한번 반] 보다도 [90cc 국자에 한번] 하는 것이 훨씬 흔들림이 없기 때문이다.

로스의 삭감과 레시피의 준수는 원가율관리에 있어서 기본 중에 기본이다.

35 재고조사 업무를 절대로 가볍게 보지 말 것

원가율관리를 설명하는데 있어서 꼭 전하고 싶은 것은 재고관리의 중요성이다.

재고를 가볍게 보고 있는 사람이 적지 않다. 재고의 업무를 잘하는지 아닌지는 점포전체의 성과에 심각한 영향을 주게 된다. 재고를 적당히 관리하게 될 경우의 최대 문제점은 그 누구도 원가율을 신뢰하지 않게 된다는 것이다. 원가를 신뢰하지 않게 된다면 매니지먼트 불능 상태에 빠지게 될 것이다. 경영에서 공통 언어인 숫자를 신뢰하지 못한다면 매니지먼트가 잘 될 리가 없는 것이다.

[여드름은 커지면 터진다]라는 말이 있다. 다점포화를 성공궤도에 올리기 위해서는 회계관리의 강화는 필수 불가결이다. 또 기업의 회계라는 것은 경영행동으로 이어가지 않으면 의미가 없는 숫자에 불과하다.

점포의 주인이 숫자를 근거로 판단을 내리려는 것은 건전한 기업체질을 만들기 위한 제 1보인 것이다. 그 행동의 전제는 재고를 철저하게 관리하는 습관에서 출발한다.

재고를 정확하게 하지 않으면 원가관리가 어렵게 되고 그 결과로 매니지먼트가 붕괴한다는 것을 확실하게 머리에 주입해라.

36 데이터를 근거로 한 예상매출을 정교화하면 인건비 낭비는 없어진다

인건비 컨트롤이 잘 되지 않는 경우가 많다. 대부분의 이유는 [종업원의 순환근무 스케쥴이 예산 계획한 대로 짜여지지 않았기] 때문인 경우가 많거나 [매출예측이 정확하지 않기] 때문인 경우가 많다.

[종업원의 순환근무 스케쥴이 예산 계획한 대로 짜여있지 않았다]라는 상태는 인시매상고의 예산을 사전에 잘 체크해 두었다면 해결할 수 있다. (*인시매상고(人時賣上高) : 매상÷총 노동시간)

종업원의 운영 예정표에 매출예측과 인시매상예측을 기입하는 공간을 설정해서 꼼꼼히 기록하도록 한다. 다음으로 작성한 종업원 순환근무 스케쥴 상의 인시매상을 반드시 확인해야 한다. 인시매상은 적정수치로 추정하는 것이 중요하다.

매출예측을 정확하게 하려면 과거의 데이터를 근거로 예측을 하는 것이 기본이다. 전년의 동월[同月] 동주[同週]에 매출 데이터를 근거로 예측하면 당장은 정확히 맞지 않아도 반복할수록 머지않아 정확도 숫자가 안정될 가능성이 높다. 보다 더 정확하게 예측을 하고자 한다면 최근의 매출예측과 실제 매출을 재검토 하는 것이 필수적이다. 최근의 매출예측을 검토한다 라고 말하는 것은 예약 상태까지를 포함하여 보다 정확하게 예측해가는 것을 말한다.

가능한 한 최근의 예약상황과 전년도의 데이터를 근거로 하여 산출한 매출예측을 기본으로 종업원의 순환근무 일정을 사전에 컨트롤하는 것이 인건비 관리의 최대의 포인트다.

37 매일매일 결산하여 리얼타임의 숫자를 파악하자

원가율과 아르바이트 인건비의 관리에 대해서는 앞에서 간단히 설명하였다. 그렇지만 이 두 개의 코스트관리에 있어서 더욱 유효한 수단은 [일일 결산]이라고 생각한다.

많은 회사는 손익계산서를 보고 점포의 손익을 관리하지만 관리부문이 취약한 중소기업에서는 손익계산서를 산출 할 수 있는 시점은 아무리 빨라도 익월의 반을 넘어서야 가능하다. 즉, 전월의 손익을 알 수 있는 시점이 당월의 중순 이후가 된다는 말이다.

당월의 중순을 넘으면 전월의 원가율과 인건비율 같은 중요한 데이터가 시간이 한참 지나서 나타나게 되기 때문에 대책에 손을 쓸 수 없는 상태가 되기 쉽다.

이 같은 상황에 빠지지 않기 위해서는 일일 결산을 통하여 매일 손익계산서를 작성할 수 있어야한다. 매일 손익계산서를 갱신해 나가게 된다면 원가율도 인건비율도 리얼타임으로 파악할 수 있게 된다. 매일 결산을 도입하는 것 하나로도 지역점포를 관리하는 매니저나 브랜드를 관리하는 브랜드 매니저의 역량 수준이 확실히 올라갈 수 있다.

현장에서 일하는 지역점포 관리 매니저는 각 점포별 리얼타임 숫자를 1주간 단위 이내로 정산해서 파악하는 습관을 붙여나가야 한다. 이를 통해서 서서히 [경험으로부터 오는 감]에 의해 점포개선을 하는 것으로부터 숫자를 근거로 한 점포개선으로 바꾸어야 한다. 그럼으로써 보다 빠른 사업의 성공기반을 구축 할 수 있게 된다.

[코스트를 타이트하게 하면서 동시에 인재육성도 진행한다]는 것은 상당히 뛰어난 관리 수법이 될 것이다.

38 손익계산서의 예산과 실적의 차를 파악하여 점포의 성과를 잡아가자

점포의 손익계산서를 읽을 때는 다음의 순서대로 숫자를 체크하자.

1. 절대액으로서 매출성장률, 그 매출의 예산비(比), 동전년비(동일한 기준의 전 년도比)를 비교한다.

2. 영업이익은 예산대로 확보되고 있는가?

3. 원가율은 컨트롤 되고 있는가?

4. 인건비는 컨트롤 되고 있는가?(인시매상고는 너무 높지 않은가?/ 너무 낮지 않은가?)

5. 경비의 (상세하게) 예산은 지켜지고 있는가?

또한, 손익계산서를 읽을 때의 중요한 포인트 중 하나는 경비 별 예산과 실적의 차를 파악하는 것이다.

매출과 예산이 달성되고 있는 점포에 대해서는 각각의 과목에 대해서 예산설정의 [율: 率]을 초과하고 있는 것을 문제로 하여 살펴보도록 하고, 매출과 예산을 달성하고 있지 못하는 점포에는 각각의 과목설정에 대해서 예산설정 [액: 額]을 초과 하고 있는 것을 문제로 하여 살펴보도록 하자.

각각의 예산과 실적의 차이를 당월과 누계의 양면으로부터 관찰하는 것으로 각 점포의 성과를 잡아가야 한다. 이처럼 순서대로 손익계산서를 읽어갈 수 있다면 점점 경영숫자를 해독하는 힘이 길러질 것이다.

39 숫자를 읽을 때 제일 중요한 것은 흐름을 읽어 대국적으로 판단을 내리는 것

손익계산서를 해독할 때에 중요한 것은 경영상태의 흐름을 읽는 것이라고 생각한다. 즉 그 점포의 운영상태가 [좋은 상태인가? 나쁜 상태인가?] 또는 [좋은 방향에서 나쁜 방향으로 향하고 있는가? 나쁜 방향에서 좋은 방향으로 가고 있는가?] 라는 큰 흐름을 정확하게 잡는 것이 중요하다. 만일 나쁜 방향으로 간다면 매니지먼트의 체제를 변경하지 않으면 안되고, 좋은 방향으로 가고 있다면 그다지 세부적인 부분까지 참견하지 않아도 좋다. 또 급격하게 숫자가 변화하고 있다면 그 원인을 제대로 파악하여 정리하지 않으면 안 된다.

예를 들면 급격하게 매상이 떨어진다면 판촉방법과 메뉴, 점장의 교체 등까지 세세하게 검토해야 한다. 무언가 숫자가 변한 것에 주목하면서 매장 내의 각종 활동의 변화를 살펴봄으로써 변화의 원인을 찾아가는 것이다.

제대로 매상이 늘어난 때도 똑같이 무엇이 원인이 되어 그 결과가 나왔는가를 제대로 파악하는 것이 중요하다.

숫자와 행동의 인과관계 발견에 의해 성과는 안정되어 갈 것이다.

5 집객, 그리고 번성의 원리원칙

| 번성하는 매장 만들기의 제1보는 강점을 인식하는 것부터 | 청소를 하면 손님이 증가한다는 것은 사실 | 개점 직후에 손님이 오지 않는 것은 지명도가 없는 것뿐 | 점포의 외관은 최고의 영업맨이다 | DM의 반응율을 높이는 것은 테스트의 반복 이외에는 없다 | 크로스세일로 적극, 과감하게 객단가 up에 도전해보자 | 한 사람이라도 더 많이 손님의 얼굴과 이름을 일치하여 기억할 것 | 압도적인 상품력도 아니고, 입지도 나쁘고, 매장도 화려하지 않다… 그런 음식점은 손님과의 인간관계의 구축에 전력을 쏟을 것 | 점포에 감정이입을 할 것 | 기존점의 성과가 떨어질 때는 사업의 원점으로 돌아가보자

40 번성하는 매장 만들기의 제1보는 강점을 인식하는 것부터

있는 것에 감사하는 습관을 갖는 것이 경영의 성공으로 연결된다고 생각한다. 예를 들면 장인[匠人]이 가게에 있다고 할 경우 [장인이 있으니깐 점포운영이 어려워]라고 파악할 것인가, [장인이 있으니깐 상품력이 높아져 살아나고 있다.]라고 파악할 것인가에 의해서 경영의 결과는 굉장히 큰 차이가 생기게 된다. 이것은 약점이 아니고 강점에 포커스를 맞추는 것과 같은 이치라고 할 수 있다.

매상이 좋지 않을 경우에 더욱 좀처럼 깨닫기 어려운 일이지만 어떤 회사에도 경쟁하는 타사보다도 강한 부분은 반드시 존재한다. 강점을 찾아 더욱 강하게 노력하는 것이 현재 상태를 개선하고 타파하는데 큰 도움이 된다.

많은 사람은 사물의 부정적인 면만 보고 한탄하는 경향이 있지만 그런 자세에서는 어떤 것도 만들어 낼 수 없을 것이다..

[손님은 왜 우리 가게를 이용하고 있는 것일까?] 이런 질문에 답을 찾는다면 미래는 밝지 않을까?

41 청소를 하면 손님이 증가한다는 것은 사실

[점장의 친근한 접객]과 [청소를 철저히]는 기존 점포의 매출이 떨어질 때 꼭 필요한 의식적 경영 이념이라 할 수 있다. 필자가 처음 이 이야기를 들었을 때 점장의 친근한 접객은 이해했으나 청소를 철저히 하는 것으로 정말로 매출회복을 할 수 있을까? 하는 생각이 들었다.

그러나 최근 [청소를 하면 매출이 늘어난다]라는 것이 사실인 것을 실감하고 있다.

청소가 잘 되어있지 않은 매장 중에 인기 있는 매장은 없다. 사무실이 지저분한 회사에서 실적호조를 띄는 회사는 없기 때문이다. 그것은 결코 매장시설이 오래 됐다거나 새 것이다의 의미가 아니라 사람의 손에 의해 매장관리가 제대로 되고 있는가?하는 의미이다.

예전에 치바현에 있는 이탈리아 식당에서 식사를 하고 있을 때 그 매장의 유명한 지배인이 손님이 별로 들어오지 않은 매장 내의 상황을 보고는 [매장이 한가할 때 현관을 닦는 청소를 하면 손님이 옵니다]라고 나에게 말하는 순간 믿기지 않게 손님이 들어온 일이 있다. 그 지배인은 [닦으면 복이 온다]라고 하며 자신 있는 표정을 하고 있었다.

청소를 철저히 하면 손님이 온다는 것은 믿어도 손해 볼게 없다.

42 개점 직후에 손님이 오지 않는 것은 지명도가 없는 것뿐

매장을 오픈 한 직후 얼마 동안은 손님이 없거나 적은 상태가 이어질지도 모른다.

그러나 그것은 오로지 시장에 매장의 존재가 알려져 있지 않기 때문이라고 보면 된다. 오픈 직후 손님이 오지 않는 상태가 이어질 경우 조바심으로 [위치가 너무 나빠 요리가 맛있지 않을지도 몰라 접객에 문제가 있어] 등등 손님이 매장에 오지 않는 이유를 필사적으로 찾기 시작하지만 그것은 넌센스라고 생각한다.

이 시기에는 무엇보다도 시장에서의 인지도를 올리기 위해 판매촉진에 힘쓰는 것이 중요하다.

인근기업에 대한 포스팅 활동, 무료로 소개해주는 잡지사에 어프로치, 무료신문과 인터넷광고에 게재, 매장 앞에서 리플렛 배포 등 비교적 저가의 코스트로 행할 수 있는 판촉수법은 전부 실시하도록 하자.

어떤 비즈니스도 재방문 고객이 충분히 확보될 때까지는 신규 획득을 위해 판매 촉진을 느슨해서는 안 된다. 물론 판매촉진과 동시에 고객만족을 높이기 위한 개선활동을 지속 하는 것이 중요하다.

신규 고객의 확보와 재방문 고객을 확보하기 위해 노력을 동시에 진행하지 않으면 좋은 결과를 얻을 수 없다.

43 점포의 외관은 최고의 영업맨이다

음식점에 새로 오는 고객 대부분은 매장 앞을 그저 지나가던 사람일 뿐이라고 생각하는 것이 좋다. (소문을 듣고 오는 손님은 제외)

손님이 그 매장에 들어갈까 말까는 매장의 외관에 좌우 되는 경우가 많다.

매장이 있다는 것을 알 수 없을 정도로 눈에 띄지 않는 점포는 우선적으로 빨리 간판을 붙이는 것이 좋다. 동행객에게 매장의 존재가 인식되지 않는 음식점과 이제부터 매장을 내려고 하는 자영업자는 외관의 디자인에 대해 전력을 쏟으면 좋을 것이다.

손님이 심리적으로 불안을 느끼는 매장에는 들어가려고 하지 않는 것은 당연하다. 많은 식당들이 메뉴표를 밖에 설치한다거나 간판에 가격을 표시하는 것도 그 때문이다.

특히, 대량 판매를 목적으로 하는 음식점의 외관 디자인은 문턱이 높다는 느낌을 주지 않는 것이 중요하다. 로고마크와 점포 디자인이 너무 세련되면 그것만으로도 손님을 멀어지게 만든다.

문턱을 낮추는 것으로 많은 손님의 유치가 가능해 질 수 있다.

44 DM의 반응율을 높이는 것은 테스트의 반복 이외에는 없다

많은 음식점에서 자신들의 고객 데이터가 누적되어 있다고 생각한다. 앙케이트와 고객 카드 등의 수단으로 어느 정도의 데이터를 저장해 놓는 케이스도 많다. 그렇기는 하지만 저장해 놓은 고객데이터를 매상으로 연결시키는 것을 원활히 하는 매장은 거의 없다고 생각한다. 그 이유는 DM에 관한 지식이 없기 때문이다. DM은 반응율을 높일 수 있다면 판매촉진의 큰 도구가 된다. 그러면 어떻게 반응율을 높일 것인가 하는 것이 숙제인데 이는 테스트를 반복하는 것 이외에는 방법이 없다.

테스트할 때 중요한 것은 DM의 일부분만을 바꿔서 테스트를 하는 것이다. 예를 들면 [500엔 할인과 10% 할인이라는 표현 중 어느 것의 반응율이 높은가?] 를 알려고 할 때에 그 부분만을 변경한 두 종류의 DM을 똑같은 양으로 발송하는 것이다. 반응결과를 집계했을 때 돌아오는 것이 많은 것이 정답일 것이다.

여러 가지 패턴으로 착실하게 테스트를 반복한다면 여러분도 분명 전문가의 영역에 도달할 것이다.

45 크로스세일로 적극, 과감하게 객단가 up에 도전해보자

업적향상을 위한 기술적인 조치로 제일 간단한 방법은 객단가를 올리는 것이다. 그렇지만 많은 음식점 경영자는 객단가를 올리면 객수가 줄어든다고 믿고 있다.

같은 상품을 어떠한 공도 들이지 않고 가격만 올린다면 확실히 손님은 멀어진다.

그러나 손님이 추가로 하나 더 구입하는 것으로 객단가를 올린다면 동시에 고객만족도를 올리는 것이 가능하다고 생각한다. 예를 들어 맥도날드의 포테이토를 생각해보면 햄버거만을 주문할 때 [포테이토도 같이 하시는 게 어떨까요?] 라고 웃는 얼굴로 권유하면 아무 생각 없이 [아.. 그럼 주세요…]라고 해버린 경험이 있을 것이다.

포테이토를 함께 구입하는 것으로 객단가는 올라 갔지만 이 때문에 다시는 맥도날드에 가지 말아야지 라고 생각하는 사람은 없다.

이처럼 구입한 품목수를 늘려 객단가를 올리는 것은 고객만족도를 올리면서 객단가도 올리는 최고의 선택이라고 말할 수 있다. 그러므로 여러 아이디어를 통해서 객단가를 올리려는 실행을 할 것을 추천한다.

46 한 사람이라도 더 많이 손님의 얼굴과 이름을 일치하여 기억할 것

최근 [매상이 줄었다] 라고 한탄하는 사람이 의외로 많다. 그런 점장에게 반드시 해야 할 질문은 [얼굴과 이름을 정확하게 일치하여 기억하는 손님이 몇이나 있습니까?] 이다.

이런 질문에 대해서 점장은 거의 대부분 놀란다. 즉, 대부분의 점장이 자신의 매장 손님이 어디의 누구인지를 알지 못한 채 점포 운영을 하고 있다는 것이다.

냉정하게 생각해보면 얼굴과 이름이 일치하지 않는 사람을 상대로 매상을 올린다는 것은 이상하다고 생각하지 않는가?

예컨대 자동차와 광고대리점의 영업맨 중에서 얼굴과 이름을 제대로 기억하지 못하는 손님으로부터 주문을 받는 사람은 없을 것이다.

궁극적으로 비즈니스는 손님이 있어야 일어설 수 있다. 좀 더 말하면 손님을 잘 아는 것이 이기는 것이다. 손님을 안 다음에 어디의 누구인지를 아는 노력을 하는 것은 당연하다.

아는 고객 수의 증가에 따라 업적은 회복경향에 올라 설 것이다.

높은 성과의 핵심은 단골손님의 수와 내점빈도의 증가라는 것을 명심하자.

47 압도적인 상품력도 아니고 입지도 나쁘고 매장도 화려하지 않다… 그런 음식점은 손님과의 인간관계의 구축에 전력을 쏟을 것

음식점에 손님이 오는 주된 이유가 상품력과 입지라고 주장하는 사람이 많다. 상품력과 입지는 음식점의 성공경영에 있어서 중요한 요소라는 점엔 동의한다.

현재 경영을 하고 있는 매장에서 맛이 좀더 나아져야 하고 매장 위치도 좋지 않다고 라고 느끼고 있는 사람도 적지 않을 것이다. 그런 경우 열세를 딛고 일어서기 위해서는 무엇보다 손님과 인간관계 구축에 전력을 쏟아야 한다.

차별화에는 [브랜드 기술 단골고객과의 관계] 세 가지가 있다.

브랜드라는 것은 지명도를 말하고 기술이라는 것은 조리기술이 핵심이다. 확실히 이 두 개도 강한 경쟁력이 되지만 이 둘의 강함이 없을 경우에 최후의 하나인 단골고객 관계, 즉 손님과의 인간관계를 견고하게 하는 것으로 경쟁력을 가질 수 있다.

인간관계라는 것은 궁극의 경쟁전략이라고까지 생각하고 있다. [저 점장을 보고 싶으니까]라든지 [저 가게를 응원해주고 싶어]라는 이유로 경쟁 매장에 내점하고 있는 손님을 뺏어오는 것은 매우 어려운 일일 것이다. 매장을 선택하는 것은 사람의 마음이기 때문에 그 마음을 잡는데 어려움이 없다면 경쟁에서 지는 일은 절대로 없을 것이다.

48 점포에 감정이입을 할 것

매장의 매상을 올리는 것을 고려할 때 절대로 간과해서는 안 될 키워드는 점포(또는 손님)의 감정 이입이라고 생각한다. 판매 촉진 등의 테크닉도 몇 개인가 소개했지만 원래 점포에 대해서 애정이 없는 사람이 운영하는 매장은 번성할 리가 없다.

예를 들면 매장에 대한 애착이 높으면 지금까지는 평범하게 버려지고 있는 식재를 사용해 추천상품을 만들고 그것을 특별요리로 단골손님에게 제공한다. 그 상품을 자연스럽게 소개하면서 더욱 단골손님과의 접점과 대화를 늘려간다. 그렇게 되면 단골손님에 대한 애착이 깊어지고 그 결과로 점장은 단골고객으로부터 더욱 사랑 받는 존재가 되어 간다. 이처럼 플러스의 순환(Spiral)을 뛰어오르기 위해서도 감정이입이라는 것은 절대적 키워드인 것이다.

음식점 경영에 있어서 매장에 애정을 갖고 운행하지 않으면 좋은 결과를 내기 어렵다.

마음을 집중하고 애정을 갖고 운영하는 사람만이 번성한 점포를 만들 수 있다.

49 기존점의 성과가 떨어질 때는 사업의 원점으로 돌아가보자

기존점 매출이 전년 대비하여 떨어진 상태가 꽤 지속될 것이 예상되고 이 상황이 지속적으로 마이너스로 이어진다면 언젠가 경영은 파탄이 날 것이다.

외식사업에 있어서 기존점의 매출을 유지하는 것은 가장 큰 경영과제 중 하나이다.

기존점포의 매출을 올리는 핵심은 자기자신의 경험에 비추어 보든 타사의 경우를 살펴보든 [상품 개발]과 [인재 육성]에 힘을 쏟는 것 이외에는 없다.

많은 경영자는 판매촉진과 업태전환으로 일발 역전을 노리는 경향이 있지만 그것은 도박을 하고 있는 것과 같은 것이다. 장사의 요령은 손님을 기쁘게 하는 것 이외에는 없기 때문이다. 그러므로 가장 중요한 것은 손님에게 사랑 받는 매장을 만드는 것이다.

이것을 위해서는 보다 좋은 상품을 개발(또는 기존 상품을 개선)하는 것과 인재를 교육하는 것이 절대조건이 된다. 지속적인 상품 개발과 인재 육성에 집중하여 업적 회복을 이룰 수 있다면 결과적으로 보다 강한 회사를 만들게 될 것이고 궁극적으로 오랫동안 지속 가능한 사업으로 이어지게 되는 것이다.

6 사람과 조직의 원리원칙

| 타인을 바꿀 수는 없다. 그러므로 솔직한 사람만을 사원으로 뽑아야 한다 | 경력사원의 초임을 고정하는 것은 바람직하지 않다 | 종업원의 질은 경영자의 질과 비례한다 | 올바른 원맨 경영으로 조직을 이끌어라 | 조직을 너무 딱딱하게 만들어서는 안 된다 | 인재등용을 생각할 때에는 이 표를 사용할 수 있다 | 실력주의로 통하는 것은 연간매상 10억엔을 넘을 때 부터… | 나쁜 개혁은 한번에 하고, 좋은 대우는 장기간에 걸쳐서 실행한다 | 고참간부는 결국 최대의 저항세력이 된다는 것을 알아둬라 | 자신을 둘러싼 모든 인간관계는 자신이 만든 것 | 새로운 도전이 모티베이션이 될 때 조직은 빛난다 | 전 종업원 앞에서 칭찬할 기회를 늘릴 것

50 타인을 바꿀 수는 없다. 그러므로 솔직한 사람만을 사원으로 뽑아야 한다

사람에게는 타인을 변하게 만든다는 것은 참으로 어려운 일이다.

심술궂고 괴팍한 인간을 솔직한 인간으로 바꾸는 것과 장인기질의 인간을 장사꾼으로 바꾸는 것은 참으로 어려운 일일 것이다. 사람의 본성을 바꾸는 것이 성공할 가능성이 전혀 없는 것은 아닐 것이다. 하지만 사람은 쉽게 바뀌지 않는다는 전제로 경영하는 것이 필요하다.

중소/영세의 외식기업이 인재를 고용하는 기준은 인간성밖에 없다고 생각한다. 원래 좋은 스킬을 가진 현역 점장들은 업자 등 독자적인 인맥을 가지고 있기 때문에 전직할 때 구인지 등을 보고 움직이지는 않는다. 그들은 스스로 형성한 인맥의 소개로 전직을 결정하는 경향이 있기 때문에 구인 시장에 나오는 기회가 적다.

그러므로 지금은 그다지 스킬이 없어도 장래에 성장할 것 같은 인재를 선택하여 스스로의 손으로 키워내겠다는 각오가 중요하다.

키울 인재인가 아닌가를 판별하는 포인트는 솔직하고 밝은 인간성을 가지고 있는가 아닌가 라고 생각한다.

51 경력사원의 초임을 고정하는 것은 바람직하지 않다

나는 지금까지 수시로 사원을 채용할 때에 월급의 상한선을 34만엔으로 하고 그 범위 내에서 지원자가 부르는 액수를 지불해 왔다. 면접 때 [보너스가 없다고 가정했을 때 당신은 월급을 얼마 받고 싶습니까?]라고 묻는다. 그 때 [30만엔 받고 싶습니다.]라고 응모자가 대답한다면 그의 경력과 인간성부터 그 정도 지불할 가치가 있는지 아닌지를 면밀히 판단한다.

분명하게 월급이 너무 높다고 생각하는 인재는 그 시점에서 거절하지만 그 이외에는 대부분 그대로 원하는 급여로 채용한다. 단 전제조건을 확실히 해 두는데 반 년간은 무조건 그 급여를 지불하지만 반 년 이후는 사내기준을 만족하지 않는 한 급여삭감도 있다는 것을 확실히 전한다. 이렇게 채용을 하면 당장에는 기존사원과의 월급이 꼬이는 현상이 일어나지만 이에 대한 특별한 대책은 없다. 자사의 초임을 일률적으로 월급 24만엔으로 정한다면 그에게 30만엔을 준다고 하는 다른 기업이 나타날 경우 그는 그쪽을 선택할 것이다.

이처럼 중도 채용사원의 급여는 결코 자신이 조정 할 수 없다고 본다. 어디까지나 시장에서 형성된 액수가 기준이 되기 때문이다.

52 종업원의 질은 경영자의 질과 비례한다

외식 경영자 중에는 종업원에 대한 불평과 불만을 자주 말하는 사람이 많지만 그다지 환영할 만한 태도는 아니다. 왜냐하면 종업원의 질은 경영자의 질과 완전히 비례하고 있기 때문이다. 종업원을 비방하는 태도는 경영자 스스로의 무능함을 인정하고 있는 것이다.

훌륭한 경영자 주위에는 훌륭한 인재가 모이고 훌륭한 점장 주위에는 훌륭한 스텝이 모이게 되어 있다. 필자도 다섯 개 점포 정도로 규모가 작을 때에는 경영자보다는 기술 있는 장인에 의해 경영이 좌지우지되었었다.

그러나 [가까운 미래에 언젠가 대졸 사원중심으로 구성하는 조직을 하고 싶다]라는 꿈을 가졌었고 그러기 위해서는 경영자로서 능력을 올리는 것 밖에 없다고 자각하게 되었다.

결과적으로 열 개 점포를 넘었을 때쯤 극히 자연스럽게 그런 조직으로 변화했다.

현재 종업원의 질에 불만을 가지고 있다면 스스로의 질을 높이는 것 이외에 길은 없다는 것을 알아두는 것이 필요하다.

지금 주변에 있는 종업원을 보라. 지금 당신의 수준과 품질에 딱 맞는 사람들뿐일 것이다.

53 올바른 원맨 경영으로 조직을 이끌어라

중소기업에 있어서 원맨 경영을 한다고 했을때 그 자체에 대해 나쁜 이미지로 연관짓는 사람은 그다지 많지는 않을 것이다.

중소기업에는 경영을 잘 아는 인재가 사내에 거의 없는 경우가 많다.

중소기업의 경영은 혼자서 한다고 할때 잘해 나간다는 것은 어려운 일이다.

자신의 판단만으로 경영을 진행하는 것은 위험하기 때문에 가급적이면 많은 사외 인재의 지혜를 활용하도록 노력하는 것이 중요하다. 사내에 경영을 아는 인재를 거느릴 것이 아닌 한 사외의 우수한 인재의 지혜를 빌려 극복하려는 시도도 중요하다.

자신의 판단실수로 사업을 망하게 할 수 없다고 생각하면 무엇보다도 더욱 경영을 공부해야 할 것이다.

많은 인재 중 특히 경영을 이해하고 있는 인재의 다양한 견해에 솔직하게 귀를 기울인 후 자기자신이 결단을 내리는 것이 원맨경영이 본연의 모습이다. 결코 경영자 혼자의 생각과 독선으로 경영을 하는 것은 의미가 없다.

54 조직을 너무 딱딱하게 만들어서는 안 된다

조직이 삭막해지기 시작하는 것은 내부 조직 간 업무량의 차이가 생기는 시점이다.

예를 들면 음식점에 있어서 본부의 업무에는 경리와 재무와 총무라고 하는 관리 부분을 비롯하여 메뉴개발, 점포개발 업무가 있다. 조금씩 회사가 커지기 시작하면 그 업무에 전문 담당자를 붙이게 된다. 그런데 각각의 업무량에는 차이가 있기 때문에 바쁜 포지션과 한가한 포지션의 격차가 생기게 된다. 그렇게 되면 바쁜 사람의 불만이 커지게 되고 그 결과 조직의 의사소통이 나빠지게 되어 조직풍토가 황폐해지기 시작한다.

현장종업원과 본부종업원의 노동격차도 조직풍토가 황폐해지는 큰 원인이 되기 때문에 본부에서 현장에 관한 배려는 필수불가결의 요소이다.

어쨌든 한가한 사람과 바쁜 사람이 생기지 않도록 한가한 사람이 바쁜 사람을 돕도록 하는 풍토의 구축은 필수라고 생각한다. 그러기 위해서는 조직을 너무 딱딱하게 만들지 않으면서 업무의 울타리를 가능한 한 만들지 않는 것이 중요하다고 생각한다.

한편으로, 회사가 작은 규모의 단계에서 조직도를 만들어 업무를 고정화하려는 시도를 하게 되면 오히려 사내의 의사소통이 나쁘게 될 수 있기 때문에 주의가 필요하다.

55 인재등용을 생각할 때에는 이 표를 사용할 수 있다

사업의 확대에 따라 늘어나는 인재를 어떻게 등용할 것인가는 경영자에게 있어서 큰 과제 중에 하나다. 효과적인 인재의 등용을 생각할 때에 활용할 수 있는 것이 아래의 표다.

아래 표에서 제일 골머리를 썩이는 것이 판단력은 떨어지지만 잘 움직이는 인재의 처우다.

그들은 현장의 점장과의 인간관계가 두터운 경우가 많기 때문에 직함을 주어 어느 정도까지 중용해 주지 않으면 현장에서 움직이는 사원 전체의 모티베이션을 떨어뜨려 버릴 수 있는 위험이 있다. 그렇다고 해서 중요한 판단을 하는 업무를 부여하는 것은 더더욱 위험하다. 약간의 판단의 실수로 업적을 크게 떨어뜨리는 현상이 현실에서는 자주 있기 때문이다.

그렇기 때문에 그들의 권한의 범위는 크게 하지 않고 중요한 사안에 대해서는 사장의 승인절차를 구축함으로써 극복하게 하는 것이 무난하다고 생각한다.

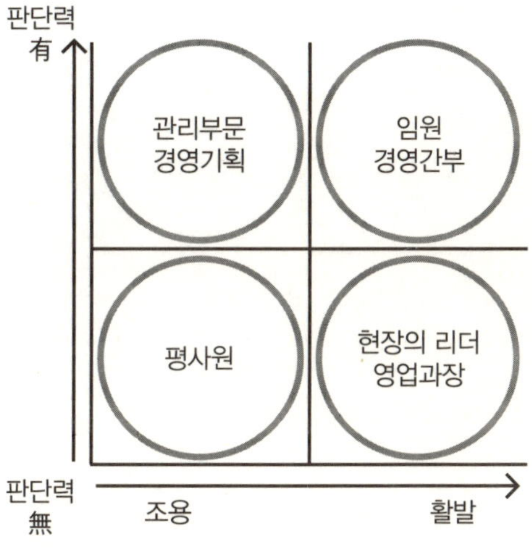

56 실력주의로 통하는 것은 연간매상 10억 엔을 넘을때 부터

외식 벤처의 인재 경영이라는 것은 일반 상식의 인사관리 이론으로 통용되지 않는다고 생각하는 편이 좋다. 원래 회사에 신용이 떨어지면 사람이 잘 모이지 않는다. 기본적으로 점포확대를 도모하는 시기에는 사람 수의 부족 상태가 이어지기 때문에 인사제도를 생각하기 이전에 우선적으로 사원을 그만두게 하지 않는 것이 가장 중요한 과제가 되는 것이 현실이다. 원래 인사제도로 모든 것을 해결 할 수 있는 상황이란 없기 때문이다.

이런 시기에는 실력주의 보다는 대가족주의 쪽이 적당하다고 생각한다.

실력을 공정하게 평가해주기 때문에 회사에 있는 것이 아니고 사장이 좋아서 회사에 남아 있는 경우가 많기 때문이다. 이 경우는 작은 기업일수록 정신적인 이어짐을 중시하는 풍토로 이해할 수 있다. 그러나 가급적이면 이 시기를 빠르게 극복하는 것이 중요한 것이라고 생각한다.

연 매출 10억 엔을 넘는 시점부터는 서서히 실력주의로 넘어가는 것이 필요하다고 본다. 이 시점에서 경영자는 대가족주의로부터 실력주의로 이행 하는 것을 적극 추진해야 한다.

57 나쁜 개혁은 한번에 하고 좋은 대우는 장기간에 걸쳐서 실행한다

조직운영을 책에서 배운다면 추천해 주고 싶은 책 중의 하나가 마키아벨리의 [군주론]이다.

냉정한 조직운영을 기술하고 있지만 실은 상당히 현실적인 것을 말하는 것으로 알려져 있는 책이다.

인간의 본질은 몇 년이 지나도 크게 변화하지 않는다고 주장하고 있지만 그 중에서 가장 주목해 보아야 할 대목이 [나쁜 개혁은 한번에 하고 좋은 대우는 장기간에 걸쳐서 실행한다]는 말이다.

회사의 조직이 망가지고 그 결과로 이른바 나쁜 개혁을 단행한 경험은 없었지만 점포의 조직이 망가지는 일은 자주 있었다. 그럴 때는 조직이 망가지는 원인을 만들고 있는 직원을 판단해서 그 직원에게 정당한 이유를 내세워 해고하거나 엄벌을 줄 필요가 있다. 그리고 무엇보다도 가장 중요한 것은 엄격한 태도로 개혁을 성공적으로 완수했다면 그 후에는 추가적으로 벌칙을 주고 싶은 직원과 격하시키고 싶은 직원이 나타난다고 해도 참고 인내하는 것이 좋다.

매니지먼트의 대상이 되는 직원을 엄단하는 모습이 장기간 계속되면 인심을 잃게 되고 결과적으로 개혁은 성공하지 못한다.

반대로 회사가 윤택해지고 대우를 해 줄 수 있는 상태가 된다면 가능한 한 장기간에 걸쳐서 그 성과를 조직과 직원들에게 돌려주는 것이 중요하다.

58 고참간부는 결국 최대의 저항세력이 된다는 것을 알아둬라

경영환경의 변화에 대응해야만 하는 경영자는 매일매일 회사의 변혁에 도전할 필요가 있다.

필자의 경우 회사의 사업모델을 근본부터 바꾸지 않으면 안 되겠다고 느낀 시점이 연 매출 15억 엔을 넘고 30억 엔을 목표로 했던 때였다. 연 매출 30억 엔이라는 것은 기업으로서 마주치는 최초의 벽이라고 말할 수 있다. 왜냐하면, 조직과 자금의 양면에서 규모에 맞추어 변혁을 필요로 하기 때문이다.

이 시기를 넘어서기 위해서는 조직의 교체와 경영환경의 변화에 대응하는 비즈니스모델을 변혁하는 시도가 필요하다. 이때가 경영자에게 가장 격렬한 저항이 나타나는 시기이다. 그런데 이러한 저항의 이면에는 고참간부가 압도적으로 많은 경우가 많다. 점포를 늘리려는 시기라든지 당신이 사업의 변혁을 강요당하는 시기에 이런 사태가 일어날 수 있는 것의 마음의 준비를 해두는 것이 좋다고 생각한다

리더가 고독을 느껴야 하는 것은 숙명일지도 모른다.

59 자신을 둘러싼 모든 인간관계는 자신이 만든 것

[음식점경영을 하는데 가장 어려웠던 것은 무엇인가?] 라고 들었을 때 필자는 인간관계라고 과감하게 대답한다. 세상에는 여러 가지 타입의 사람이 있지만 그중에서도 [정]으로만 살아가는 사람이 가장 문제라고 본다. 경영활동이라는 것은 인정을 우선으로 하면 잘 되지 않을 때가 많다.

인정미가 없는 사람이 음식점 경영으로 성공한다고는 생각하지 않지만, 정에 이끌려 합리적인 판단을 할 수 없는 사람도 또한 성공을 거두기 어렵다. 필자는 나름 합리적인 판단을 내리려고 할 때나 무언가 새로운 것을 시작하려고 할 때마다 불평하는 인재가 사내에 몇 명씩 있었다.

당시의 필자는 그 사람들만 없었다면 어떻게든 편하게 경영이 진행될 것이라고 항상 생각했었다.

그렇지만 지금 와서 생각해보면 그들로부터 사람의 감정을 무시하는 경영 또한 할 수 없다는 것을 배웠다.

합리적인 판단이 뛰어난 사람, 숫자에 강한 사람, 숫자에 약한 사람, 사람을 활용하는 것을 잘하는 사람… 모두들 특징을 가진 인재가 있고 그러한 인재의 특성을 잘 파악하고 잘 어우러질 때 비로소 경영활동은 제대로 돌아가는 것이다.

모든 것에 감사하는 마음을 몸에 익히기 위해서 지금 우리들의 환경이 있는 것일지도 모른다.

60 새로운 도전이 모티베이션이 될 때 조직은 빛난다

결과를 중시하는 서구의 성과주의가 일본에 소개된 지 꽤 시간이 흘렀다. 그러나 조직의 문제를 해결한다고 믿고 도입한 성과주의 또한 많은 경우에 있어서 회사를 썩게 만들어 최악의 결과로 막을 내리는 것도 많이 보았다.

실제로 중소기업의 경영을 해보면 아는 것이지만 성과주의를 내세워 직원의 모티베이션을 올릴 수 있다고 생각하는 것만큼, 사람을 움직이게 하는 행위는 결코 간단한 것은 아니다. 회사의 드라이한 자세는 종업원에게 드라이한 자세를 낳게 하기 때문에 마음으로 묶인 강한 조직이 되기는 어렵다.

돈은 모티베이션에 결합되지만 돈만으로는 어떻게 해도 한계가 있다. 급여수준이라는 것은 업계평균보다도 약간 높은 정도가 충분하다.

그러면 무엇을 모티베이션으로서 기능시키면 좋을까? 필자는 새로운 도전이 되어야 한다고 단언한다. 개개인의 사원이 새로운 목표를 설정하고 그것에 도전하는 것을 즐기는 풍토를 만드는 것이야말로 정말 중요하다고 생각한다. 그런 의미에서 개인의 목표를 항상 확정하고 그 목표가 이루어질 수 있도록 무대를 만들어주는 것이 경영자의 진정한 일이라고 말할 수 있다.

61 전 종업원 앞에서 칭찬할 기회를 늘릴 것

인간은 인정받는 것으로 더욱 힘을 발휘한다고 생각한다. 새롭게 사회적 지위를 얻는다는 것은 도전과 동시에 조직으로부터 인정받았다는 증거다. 만약 현재 시점에 사원의 모티베이션이 떨어지고 있다고 느끼고 있다면 열심히 하고 있는 직원을 전체 직원 앞에서 표창할 것을 적극 추천한다. 표창의 방법은 사보에서 인터뷰 기사 등을 작성하고 전 점포에 보내 점내의 제일 눈에 띄는 장소에 붙이는 방법도 있다. 또한 직원이 모인 전체 회의 같은 장소에서 표창을 하는 방법도 있다. 표창하는 이유로 제일 좋은 것은 사내에서 가장 문제시되고 있는 것에 대한 해결을 위해 가장 열심히 하고 있는 직원을 선발하여 표창하는 것이 중요하다. 예를 들면 생맥주의 로스가 많다고 느끼고 있다면 생맥주의 로스율 절감의 랭킹을 만들어 사보에 보내고 전체회의 같은 데에서 표창하는 것이다. 생맥주의 예는 필자가 실제로 해본 적이 있지만 원가를 크게 개선할 수 있었기 때문에 추천한다.

물론 접객력이 떨어지고 있다면 접객이 좋은 종업원을 표창하고, 상품의 품질이 떨어지고 있다면 품질이 높은 점포의 점장을 표창하는 것이 좋다.

7 다점포 개점의 원리원칙

| 다점포화의 성공요인은 입지와 점장이다 | 심플함을 잡는 것이 성공을 끌어당기는 것이다 | 회사를 크게 하는 사람과 작은 상태로 끝나는 사람의 차이는 [진심으로] 크게 만들어야지 라고 생각하고 있는지 아닌지에 차이다 | ROI가 거의 확정했다고 직감하면 망설이지 말고 다점포화를 가속하자 | 어느 정도의 점포수가 될 때까지는 업종을 늘리지 말 것 | 시스템은 확장가능성을 높이는 것 | 같은 브랜드의 매장을 일정의 지리적 범위 내에 늘리는 것으로 분명히 집객력을 높일 수 있다 | 다점포화를 성공시키려면 상권의 개념을 알아야 한다 | 진심으로 다점포화하고 싶은 경영자는 굳은 결의를 가지고 표의 숫자를 넣어라 | 모르는 것은 전문가를 고용하여 해결하면 좋다

62 다점포화의 성공요인은 입지와 점장이다

시작한 음식점이 궤도에 올라 이제부터 다점포화에 도전하고 있는 사람이 알아두었으면 하는 것이 있다. 다점포화를 성공의 궤도에 올리는 요인은 [입지]와 [점장]이다.

1호점 시작 때는 메뉴개발과 접객 등 경영자 스스로가 선두에 서서 고객만족을 높이는 것에 힘을 쏟았을 것이다. 그렇지만 이제부터 5개 이상의 수를 확대하고 싶다면 성공요인이 입지와 점장에 있다는 것을 인식해야 하고 두 가지를 손에 넣기 위해 전력을 쏟아야만 한다고 생각한다.

필자 자신도 다점포에 도달하는 것이 보이기 시작할 때쯤에는 현장에 나가는 것을 멈추고 점장의 교육과 인기 있는 입지의 조사에 전력을 쏟기 위해 자신의 업무를 크게 변화시킨 경험이 있다.

같은 비즈니스를 하고 있어도 사업규모에 따라 성공요인은 크게 변화를 보인다.

그러나 어떤 시기이든 성공요인의 획득은 경영자 자신이 선두에 서서 실시해야만 하는 것이다.

63 심플함을 잡는 것이 성공을 끌어당기는 것이다

필자의 경험상 확실히 말할 수 있는 것은 비즈니스모델, 조직, 세상만사의 생각 등을 심플하게 정리한다면 매우 잘 해나갈 수 있다는 것이다. 조직의 경우는 계층을 극한까지 없애서 평등하게 할 수 있다면 경영자의 소리가 아랫단까지 전달되기 쉽게 될 것이다. 비즈니스 모델 또한 심플하게 만들면 만들수록 성공 확률이 높아진다.

경영에 국한하지 않고 세상사의 본질이라는 것은 한없이 심플한 것이 아닐까? 라고 생각한다.

주위의 사람을 둘러보았을 때 일반적으로 까다롭게 말만 하는 사람이 성공하고 있는 경우는 적다.

다점포 전개에 있어서 심플한 생각이라는 것은 [어떻게 하면 다점포화를 할 수 있을까?] 라는 질문에 대해 [장소를 확보하고 매장을 만들 돈을 준비하고 운영할 점장을 모은다. 이 프로세스를 100회 반복하면 100점포의 체인이 된다] 라고 단순화하고 실행을 철저히 하는 것이라고 생각한다.

이 이야기를 하면 거의 대부분의 경영자가 쓴웃음을 짓지만 이처럼 최대한 심플하게 생각할 수 있는 사람만이 진정한 경영자로 향하고 있다고 생각한다.

자신이 생각하고 있는 비즈니스 플랜과 경영전략 조직 등을 [좀 더 심플하게 안 될까?] 라고 생각하면 손해 볼 것은 없을 것이다.

64 회사를 크게 하는 사람과 작은 상태로 끝나는 사람의 차이는 [진심으로] 크게 만들어야지 라고 생각하고 있는지 아닌지의 차이다.

회사를 크게 하고 싶다고 말하는 사람은 많지만 실제로 크게 하는 사람과 언제까지나 크게 하지 못하는 사람이 있다. 필자는 그 차이가 진심으로 그렇게 생각하고 있는가 아닌가에 차이가 있다고 확신한다. 음식점을 2~3개 점포 경영하고 있으면 수입은 그 나름대로 나온다.

회사를 크게 하고 싶다고 말은 하면서 시간이 지나도 회사를 크게 만들지 못하는 경영자가 있다면 마음 속 깊은 곳에서 [지금의 생활에 불만이 없고 이 이상의 리스크와 고생을 짊어질 만큼의 사업확대를 하고 싶지 않아..]라고 생각하고 있는 것이다.

컨설팅 활동을 하는 과정에서 경영자에게 [출점 목표를 정해주세요]라고 제안해도 명확하게 답을 하지 않는 경영자가 많은 것이 현실이다. 그만큼 사람의 잠재의식은 현 상태 유지를 강하게 바라고 있기 때문이다.

그러나 목표를 명확하게 한다면 불가사의 할 정도로 현실이 목표를 향해 움직이기 시작한다. 경영자가 기업을 경영해 가는데 있어서 운명적으로 높고 명확한 목표를 만드는 것을 회피 할 수가 없다.

회사를 크게 하고 싶다는 사람은 망설임 없이 목표를 명확하게 해둬라. 분명히 몇 년 후에는 그대로 되어있을 것이다.

65 ROI가 거의 확정했다고 직감하면 망설이지 말고 다점포화를 가속하자

필자가 경영을 부친으로부터 물려받은 이후 6년 중 최초 3년간 4점포를 출점하고 남은 3년간에는 그 4배 이상에 해당하는 17개 점포를 출점한 바 있다. 왜 갑자기 출점 속도를 가속했는가 하면 출점을 가속해도 손해가 없는 것을 어느 정도 알았기 때문이다. 손해를 보지 않는다는 것은 5점포 체제가 됐을 때 숫자의 추이를 보고 입지에 문제가 있지 않은 한 ROI가 거의 일정한 수준을 나타내고 있다는 것에 확신을 했기 때문이다. 이것이야말로 같은 업태를 다점포화하는 최대의 강점이다. 한 개 점포마다의 업태를 변경하는 것은 출점할 때마다 도박을 하고 있는 것과 같은 것이 아닐까? 그런 도박 같은 비즈니스에 은행으로부터 돈을 빌린 수천만 엔의 자금을 계속 투자하는 것은 자살행위밖에 안 된다.

[얼마의 자금을 투자한 결과 얼마의 이익이 올라갈까?] 라는 질문의 답이 높은 확률로 결론이 밝혀진다면 당연히 점포확산을 계속하는 것이 좋을 것이다.

66 어느 정도의 점포수가 될 때까지는 업종을 늘리지 말 것

다점포 전개를 도모할 때에는 여러 가지 타입의 매장를 내가는 패턴과 같은 매장을 계속 내가는 패턴의 2가지 경영자 유형으로 나뉜다. 최근의 추세는 여러 가지 타입의 음식점을 내가는 패턴이 주류가 되어가고 있다. 이 같은 경영 유형을 다 브랜드 점포경영이라고 말한다.

다 브랜드 점포경영이라는 것은 시스템을 만들지 않고는 경영하거나 만들어 갈 방법이 없다. 각 브랜드가 서로 다르기 때문에 초기에는 점장과 요리장의 능력에 의존하면서 점포수의 확장을 도모해야만 한다. 예전부터 다 브랜드 점포경영은 15점포 수준에서 무너진다고 말해져 왔다. 운이 좋아 그 이상의 점포수가 되었을지라도 머지않아 10점포 정도까지 감소해버린다는 것이 일반적 통설이다. 필자는 이 통설은 진실이라고 확신하기 때문에 다 점포화를 도모할 때에는 같은 브랜드의 매장을 많이 만드는 방법을 선택했다. 이 방법을 체인점 경영이라고 말한다. 어떻게 생각해도 [이 사람이 없으면 곤란해] 라고 하는 사람 중심의 업무를 어느 만큼 줄일 수 있는지가 기업으로서 성장할 수 있는지 아닌지의 갈림길이라고 생각했기 때문이다.

그러기 위해선 같은 매장을 늘리면서 서서히 시스템화할 수 밖에 없다.

67 시스템은 확장가능성을 높이는 것

시스템이라는 언어는 자주 접하는 언어라고 생각하지만 그 의미에 대해서 깊게 생각해 본 적이 없을 것이다. 필자는 시스템이라는 것은 [자연히 그렇게 되는 구조] 라고 생각하고 있다. 예를 들면 요리에 관해서는 센트럴 키친의 운영, 레시피 작성, 조리연수의 정비, 조리기구의 개발 등을 꼽을 수 있다. 출점에 관해서는 ROI를 충족시키기 위해 출점이 용이한 지역 스팩 기준의 작성, 부동산업자와의 연결고리 만들기 등을 꼽을 수 있다. 접객에 관해서는 매뉴얼의 작성과 트레이너의 육성, 인사고과제도 등을 꼽을 수 있다. 경영이라는 것은 이러한 시스템을 복합적으로 구축해갈 필요가 있지만 필자는 그 중에도 특히 [조리의 시스템화]가 중요하다고 생각한다.

맛이 나쁜 음식점에는 손님이 오지 않는다. 그런 의미에서는 누가 만들어도 같은 맛을 내기 위한 시스템 개발이 다점포화의 지상명제(至上命題)라고까지 말할 수 있다.

왜냐하면 회사가 제공해야만 하는 상품의 품질이 일정치 않으면 업적이 단번에 기울기 때문이다.

회사의 규모가 작을 때 다점포화는 업태가 같은 매장을 내도록 필자가 주장하는 이유가 여기에도 있는 것이다.

68 같은 브랜드의 매장을 일정의 지리적 범위 내에 늘리는 것으로 분명히 집객력을 높일 수 있다

여러 가지 타입의 매장을 늘린다는 것. 즉 다 브랜드 점포경영을 선택하고 있는 경영자가 많은 이유는 브랜드의 진부화, 즉 같은 매장을 많이 늘리면 빨리 질리게 될 것이라고 믿는 것이 원인이다. 그러나 지속적으로 매력이 있는 메뉴를 투입하지 않는 한은 어떤 브랜드의 업태를 내도 질리게 될 것이다. 그런 의미에서 볼 때 필자는 이처럼 생각하는 경영자의 발상은 확실하게 틀렸다고 생각한다.

역으로 같은 지역에 같은 브랜드로 몇 개 점포를 출점한 경험이 있는 사람은 이미 체질적으로 알겠지만 같은 브랜드 하에서 점포 전개를 선택하는 것이 확실하게 집객력이 붙어간다는 것이다. 왜 집객력이 붙는 것인가? 라고 말하는가 하면 고객들이 같은 브랜드 매장이 많다는 것으로 그 브랜드에 대해 안심하기 때문이다.

손님들이 매장으로 오게 하기 위해서 제일 중요한 것은 손님이 느끼는 불안과 리스크를 없애는 것이다. 많은 매장이 있고 한번은 들어본 적이 있는 매장이라는 것만으로도 손님들은 안심감을 가진다.

특히, 이자카야 같은 업태의 집객은 지명도에서 결정 되기 때문에 매장을 늘리면 그것만으로 간단하게 집객을 할 수 있는 것이다.

69 다점포화를 성공시키려면 상권의 개념을 알아야 한다

외식사업에 있어서 상권은 점포 비즈니스에 있어서 대단히 중요한 개념이다. 상권이란 간단히 말하면 손님이 자신의 매장에 오는 범위를 말한다. 상권 다음으로 중요하게 관리해야 할 요소는 객단가이다. 객단가에 따라 상권은 어느 정도 결정지을 수 있기 때문에 출점 가능한 입지는 그 시점에서 거의 정해진다.

통상적으로 사업을 만들고자 한다면 당연히 큰 시장이 필수적이다. 시장규모는 이용하는 인구와 내점빈도로서 결정된다. 그 매장을 이용하는 고객층이 넓어지면 넓어질수록 그리고 이용빈도(내점빈도)가 높아질수록 시장은 커지게 된다. 맥도날드가 도처에 존재하는 것은 많은 사람이 빈번하게 이용하기 때문이다. 체인점이 여러 지역에 존재하게 되면 다음에는 당연히 상권을 좁게 하는 노력으로서 가격을 내리는 시도를 하게 된다.

저가전략은 규모가 큰 체인점에서 가능한 일이다는 것을 이해해둘 필요가 있다.

개인 사업자나 브랜드 점포경영을 하는 사람의 경우는 그런 대형시장에는 들어가지 않는 것이 좋다고 생각한다. 왜냐하면 큰 시장에서 대기업의 체인을 이기는 것은 매우 어려운 일이기 때문이다.

70 진심으로 다점포화하고 싶은 경영자는 굳은 결의를 가지고 표의 숫자를 넣어라

	금년	1년후	2년후	3년후
기존점포수				
출점수				
합계				
년 매상				

*1점포당 평균 년 매출 [ ] 만엔으로 가정

	금년	1년후	2년후	3년후
기존점포수	2점포	2점포	4점포	8점포
출점수	0점포	2점포	4점포	6점포
합계	2점포	4점포	8점포	14점포
년 매상	1.2억엔	2.4억엔	4.8억엔	8.4억엔

*1점포당 평균 년 매출 6,000 만엔으로 가정

수치로 구체화한 점포 운영에 대한 계획을 세우고 열과 성을 다해 경영 한다면 반드시 이것을 이루어 낼 수 있을 것이다. 다점포화를 실행하는 중에 새로운 경영과제가 생겨나겠지만 그런것은 그때마다 해결해 나가면 된다. 목표를 명확하게 수치화하고 그 달성을 강하게 믿는 것이 중요하다. 경영자가 스스로 세우는 계획이라는 것은 대략적이고 심플한 편이 좋다.

71 모르는 것은 전문가를 고용하여 해결하면 좋다

앞에서 다점포화의 성공요인이 입지와 점장이라는 점을 강조한 바 있다.

사업 초기 당시 필자에게는 입지에 관해서 노하우가 아무것도 없었다. 입지를 잘못하면 사업성과에 큰 영향을 받는다는 것을 잘 이해하고 있었기 때문에 어느 입지가 인기 있는가를 판단할 수 있는 노하우만큼은 보다 빨리 몸에 익히고 싶었었다.

그래서 입지개발 전문가를 고문으로 고용했다. 구체적으로 말하면 입지개발을 위해서 대기업 체인점의 개발담당자에게 눈을 돌렸다. 일반적으로 대기업 체인점의 개발 담당자는 다른 체인점의 매출도 잘 파악하고 있다. 대기업 패밀리 레스토랑이 있는 입지라는 것은 그 자리에 이자카야를 내도 인기 있을 가능성이 높다는 뜻이 된다. 상권의 잠재력이 대기업 체인점의 매상에서 여실히 보여지기 때문이다.

이처럼 자신의 알지 못하는 노하우를 습득하기 위해서는 경험이 있는 사람을 고용하거나 채용하는 것이 좋다.

하나에서 열까지 모두 자신이 하려고 하지 않는 자세 또한 경영자에게는 중요하다.

8 전략의 원리원칙

| 경쟁상대가 없는 상태, 그것이야말로 전략의 최종 도착지이며 궁극적인 모습이다 | 전략을 그릴 때는 항상 역행작전을 의식해본다 | 적극, 과감하게 노하우의 콘텐츠화를 진행시킨다 | 콘텐츠 사업의 요점은 영업에 있음 | 3C분석으로 시대를 뛰어들어 앞을 예측한다 | 이제부터의 관심입지는 교외입지를 피하는 것이 무난하다. 도심, 역전의 소형점에 주목할 것 | 저가격전략은 취하지 말 것 | 인플레시대가 가지고 있는 것을 의식하고, 디플레시대는 가지고 있지 않은 것을 의식한다

72 경쟁상대가 없는 상태, 그것이야말로 전략의 최종 도착지이며 궁극적인 모습이다

벤처 기업의 전략을 생각할 때에 언제나 떠오르는 것은 [경쟁상대가 없는 상태는 이상적]이라는 것이다. 시장의 빈틈에 확고한 독자적인 포지션을 노리는 것은 매우 이상적인 전략 중 하나라고 생각한다. 그런 빈틈 시장을 찾아내기 위한 유효한 수법이 포지셔닝 맵 (Positioning Map)이다. 고객에 있어서 가치가 있는 축을 2개를 정해서 경쟁과 자신의 포지션을 포인팅(mapping)해 가는 것이다. 이 포지셔닝 맵을 작성할 때에는 어디까지나 고객입장에서 가치가 있는 축이라야 맵으로서 의미가 있게 된다. 전략적으로 가치가 없는 것은 의미가 없기 때문이다.

일반적으로는 객단가를 하나의 축으로 하고 분위기/이용동기/이용형태(가족, 사교)등을 또 하나의 축으로써 작성하는 케이스가 많다. 단, 그 맵으로 공백의 시장을 찾아낸다고 해도 아무것도 없는 공백지대라는 것은 단지 시장이 없는 것뿐이라고 하는 의미도 포함하기 때문에 그 점은 주의할 필요가 있다.

73 전략을 그릴 때는 항상 역행작전을 의식해본다

필자가 가장 좋아하는 전략 중에 하나로 [역행작전]이라는 것이 있다. 역행작전이라는 것은 다수의 의견과는 정반대의 전략을 펼치는 것을 말한다. 예컨대 주식시장에서 주가가 떨어지고 있을 때 오히려 매입하는 것과 같은 이치다. 많은 투자가가 매도를 퍼붓는 가운데 매수를 진행하는 것이기 때문에 대다수와는 정반대의 행동을 하게 되는 것이다.

필자는 2002년에 도로교통법이 개정되어 교외형 이자카야의 대부분이 급속하게 폐점되는 상황에서 오히려 교외형 이자카야를 대량 출점하여 성공을 거두었던 적이 있다. 이처럼 역행작전이라는 것은 어느 시대에도 매우 흥미가 있다고 생각한다.

현재 시점에서 재미있다고 생각하고 있는 역행발상의 사례로는 대도시권역을 피한 지방도시에의 적극적인 점포개점이나 대기업 체인의 과점이 심한 업계인 패밀리 레스토랑 시장에 신규 참가 같은 것이다.

이 두 가지의 발상은 꽤 현실적으로 흥미가 있기 때문에 독자 여러분이 한 번 참고해 볼만 하다고 생각한다.

74 적극, 과감하게 노하우의 콘텐츠화를 진행시킨다

이제부터 중소기업의 외식기업경영은 자사의 뛰어난 노하우를 타사에 판매해가는 것을 생각해야 한다. 왜냐하면 노하우를 판다는 것은 수익성이 높을 뿐만 아니라 급변하는 경영환경 하에서 각종 리스크에 견뎌가는 수익구조를 만드는 목적도 있기 때문이다. 현재의 경영환경에 있어서 회사의 수익원을 복합화해 가는 것은 중요한 전략 과제가 된다. 음식업에 있어서 판매할 수 있는 노하우의 대표는 [브랜드]이다. 프랜차이즈 비지니스라는 것은 자사의 점포운영 노하우 모두를 콘텐츠화 하고 이를 타사에 판매하는 행위이다. 즉 [경영의 방법] 이라는 궁극의 노하우를 판매하는 것이다. 물론 판매 가능한 노하우는 생각하면 얼마든지 있다. 예를 들면 접객서비스가 매우 강한 회사가 있다면 인재교육의 노하우를 판매하고, 메뉴개발에 강한 회사가 있다면 메뉴 개발의 아웃소싱을 받고, 유명한 쉐프가 있다면 쉐프의 초상권을 판매하는 것과 같은 것이다. 이렇듯 스스로의 강한 포인트를 판매가능한 상품에 접목시키면서 검토해가면 신규사업이 생겨나는 것이라고 생각한다.

75 콘텐츠 사업의 요점은 영업에 있음

이처럼 자사의 노하우를 타사에 판매하는 스타일의 신규 사업을 개시할 때에 가장 중요한 것은 주변 사람이 구매할 것인가? 부터 생각하는 것이다.

예를 들면 프랜차이즈 비즈니스를 시작한다면 우선은 사이가 좋은 경영자나 종업원이 하는 것이 중요하다고 생각한다. 물론 최초라는 것은 서툴기 때문에 가격은 그 만큼 낮아야 한다는 전제가 있다.

필자 자신도 그렇게 했었지만 일반적으로 많은 경영자가 프랜차이즈 비즈니스와 컨설팅 비지니스를 시작할 때에 처음부터 만전의 체제를 정비하고 나서 임하려고 하는 경향이 있다. 그러나 그럴 필요가 없다. 비즈니스라는 것은 상품 개발이 아니라 영업이 우선이다. 호화스런 팜플렛과 두꺼운 매뉴얼을 정돈하기 위해 돈을 투자하는 것은 어느 정도 궤도에 오른 다음 생각한다면 좋지 않을까 한다. 또 가족에게 권유하지 않는 비즈니스를 다른 사람에게 권유해서는 안 된다.

어찌 됐든 주변 사람이 기뻐하도록 상황을 만들어내는 것이 성공의 제 1보라고 인식하고 그들에게 기쁨을 줄 수 있도록 노력하는 것이 중요하다.

76 3C분석으로 시대를 뛰어들어 앞을 예측한다

필자는 경영을 생각할 때 우선적으로 업계가 어떻게 변화하고 있는 것인지를 대략적으로 예측하는 것부터 시작했다. 그때 활용하는 것으로 3C분석이라고 불리는 틀(Framework)이다.

3C분석이라는 것은 customer 단골-(고객)/ competitor 경쟁상대-(경합)/ company 회사(자사)의 앞 글자를 딴 것으로 이 세 가지의 요소를 파악하고 이해하는 것을 통하여 장래의 시장을 예측하려는 개념이다.

치밀한 시장분석은 필요가 없을 수 있다. 이러한 것은 어디까지나 대략적으로 크게 시장의 방향성을 정리하는 것이 중요하기 때문이다. 중소기업의 우선순위는 어디까지나 큰 요소보다는 중요한 요소로 좁혀가는 것이 중요하다. 이를 착각하고 있는 경우가 많지만 이처럼 세 가지 틀 내에서의 생각이 좋다고 생각한다. 구체적 수순을 말하자면 고객의 요구/ 자사의 강함/ 경쟁의 전략을 각각 3~4항씩 절대적으로 필요한 요소로 좁혀가면 될 것이다.

생각한 항목에서 겹친 것을 정리하고 3~4개까지 좁혀가는 과정에서 점점 핵심에 가까워질 수 있다고 생각한다. 그리고 각각 요소의 교점으로부터 시장이 진행해가는 방향을 예측해 간다면 좋은 경영의 방향을 잡아갈 수 있지 않을까?

77 이제부터의 관심입지는 교외입지를 피하는 것이 무난하다. 도심, 역전의 소형점에 주목할 것

이자카야 시장을 3C분석에 따라 앞으로의 변화를 예측한 결과를 공유해 보자면 다음과 같다.

기본적으로 이제부터의 이자카야 업계에 있어서 대중 마케팅은 통용되지 않을 것이라고 보면 된다. 즉, 이자카야 시장에 신규 참가하여 거대 체인을 만드는 것은 현실적으로 상당히 어렵기 때문에 시장을 세분화해서 그에 한정된 시장 안에서 큰 회사가 되는 것을 선택해야만 한다.

중소기업으로서 점포 수를 생각만큼 늘릴 수 없다면 그것은 어쩔 수 없다. 중소기업이 점포 수를 확대하고자 할 때에 교외 형의 이자카야는 더욱 어렵다고 생각한다.

점포의 규모를 그다지 크게 해야만 할 필요는 없다고 본다. 시장의 변화가 심한 현재는 매장의 규모를 작게 해두는 것이 정답이라고 생각한다.

그런 큰 시장의 방향과 연계하여 볼 때에 도심부와 역앞에 만드는 소형의 특징 있는 이자카야 업태는 매력적이라고 생각한다.

한 가지를 더 추가하자면 다점포화를 생각 할 때에 총 이익율이 높은 상품 재료를 선택하는 것이 중요하다. 다점포를 추진할 때에 도심부와 역 앞에 출점할 경우는 통상적으로 인건비와 임대의 수준이 높기마련이다. 그러므로 어떻게 해서든 원가를 낮추지 않으면 목표로 하는 이익이 나올 수 없기 때문이다.

78 저가격전략은 취하지 말 것

마이클 포터는 저서 [경쟁의 전략]중에서 기업이 취하는 전략은 코스트 리더쉽 전략, 차별화 전략, 집중화 전략 세 가지가 있다고 나열하였다.

코스트 리더쉽 전략이라는 것은 업계 최저가를 내세우는 것으로 우위성을 가지는 전략이다.

차별화 전략은 문자 그대로 경쟁상대와 다른 점과 차이점을 내세우는 전략이다.

집중화 전략이라는 것은 상당히 좁은 분야에 특화를 하고 그 안에서 강한 경쟁력을 획득하는 전략개념이다. 필자는 중소기업 경영자가 필히 전략의 컨셉을 3가지에 집약하여 살펴보아야 할 것으로 생각한다. 만약 당신의 회사가 현재에 업계 대기업이 아니라면 코스트 리더쉽 전략은 취하지 않는 쪽이 좋다. 가격을 내리는 것으로 만들어내는 경쟁우위는 빠르게 한계가 오고 또 원래 이익을 내리는 것이 어렵기 때문이다.

게다가 구매력과 오퍼레이션시스템이 없는 상태에서 업계 최저가 등은 실현될 수도 없다.

일상적인 외식시장은 이미 대기업의 과점이 진행되고 있기 때문에 대기업이 돌보지 않는 시장의 틈을 치는 집중전략이나 높은 부가가치를 매기는 것으로 차별화를 도모하는 차별화 전략으로 승부를 봐야 한다.

저가격전략이라는 것은 스스로의 목을 조르는 것이 되기 때문에 벤처기업은 절대로 선택하지 않는 것이 정답이다.

79 인플레시대가 가지고 있는 것을 의식하고 디플레시대는 가지고 있지 않은 것을 의식한다

지난 수년간 경제환경은 크게 변화를 보이고 있다. 필자가 음식점을 시작할 때는 전형적인 디플레 경제였다. 맥도날드가 평일 반값세일을 대성공 시킨 시기였다. 디플레의 시대는 [가지지 않는 경영]이 각광을 받는 경향이 있었다고 생각한다.

종업원 관리방법이 좋은 예가 될 수 있다. 점포에 배치하는 인재에 대해서 고정비가 있는 정사원의 수를 최대한 줄이고 변동비로서 관리할 수 있는 아르바이트의 수를 늘리는 것으로 인건비 컨트롤을 하는 매니지먼트 수법이 주류였다

그러나 디플레를 벗어나 인플레 경제로 전환해가면 대기업이 설비투자를 활성화하기 때문에 인재가 부족하게 된다. 그렇게 되면 종업원을 확보하는 것이 곤란해져서 인재가 부족하기 때문에 생각한 것처럼 점포운영을 할 수 없는 시대가 된다. 지금까지는 좋다고 알려져 오던 아르바이트에 의존하는 점포운영시스템이 급격히 약하게 되어 버리는 것이다.

종업원 관리에 있어서는 인플레시대에는 가지는 경영이, 디플레 시대는 가지지 않는 경영이 키워드가 되는 것을 의식하면 좋을 것이다.

9 경영의 원리원칙

| 비젼/전략/조직 | 경영을 잘하는 유일한 요령은 현재의 사업을 건강하게 하면서 다음의 사업을 준비하는 것 | 음식업의 본질은, 강한 이념을 필요로 하는 시스템구축 산업이다 | FL 코스트와 본부비의 압축은 수익개선의 최대 포인트 | 예측이야말로 경영자의 필수 스킬 | 최저 3년 후를 바라보고 의사결정을 하자 | 오너경영자는 [투자가]라는 것도 잊지 말 것 | 회사 경영에 있어서 제일 중요한 것은 사업을 지속시키는 것 | 음식점경영에 있어서 도전의 대상은 성공 점포를 만드는 것이 아니라, ROI다. 회사ROI 기준을 만족시키는 점포를 1개라도 더 많이 만드는 것이다 | M&A의 지식은 이제부터의 음식점경영에서 필수가 된다 | 경영은 정신력으로 정해진다

80 비젼/전략/조직

[경영이라는 것이 무엇을 하는 일인가?]를 명확하게 답할 수 있는 사람은 많지 않다고 생각한다. 나는 경영을 생각할 때에 [경영이라는 것은 무엇을 하는 것인가?] 라고 자문자답을 매일 매일 계속했었다. 그 결과 내가 도달한 결론은 다음의 세 가지였다.

–회사의 비전을 내외에 알린다
–비전 실현을 위해 전략을 세운다
–조직을 통해 전략을 실행한다.

이 세 가지의 프로세스를 계속적으로 반복했다.

그렇지만 중소기업에는 인재가 없기 때문에 그 이외의 업무도 모두 경영자 자신이 하지 않으면 안 되는 경우가 많은 것은 사실이다. 하지만 끝까지 파고들면 결국 앞에서 말한 세 가지에 도달한다고 생각한다. 경영자 대신에 회사의 비전을 그리는 사람은 아무도 없다. 경영환경을 확실히 읽고 전략을 세우는 인재도 없다.

그리고 인간의 마음을 한데 모으는 리더인 경영자에게 인간적인 매력이 있어야만 한다고 생각한다. 매일 회사가 그리는 장래상을 강하게 이미지하고 그것을 주위의 사람들에게 알려가도록 하자. 그렇게 하면 분명 회사는 그대로 될 것이라고 생각한다.

81 경영을 잘하는 유일한 요령은 현재의 사업을 건강하게 하면서 다음의 사업을 준비하는 것

경영은 회사의 규모와 경영환경에 맞게 임기응변으로 대응하지 않으면 안 된다.

경영에 있어서는 독창적이고 반짝거리는 아이디어가 어디 있는 것이 아니다. 또한, 성공적인 경영을 위해서 꼭 지켜서 행해야 하는 공식 같은것도 없다.

이렇듯 절대적이고 효과적 경영방법이 존재하지 않는 것이 경영활동이지만 굳이 경영의 요령이 한가지 있다고 하면, 필자는 [현재의 사업이 건강하면서 다음의 사업을 준비하는 것]이라고 답할 수 있다.

최근 사업 수명이 정말로 짧아지고 있다. 그만큼 세상은 변화가 심하다. 그런 의미에서 지금의 사업을 이후 어디까지 늘릴 수 있는가 하는 예측을 치밀하게 할 필요가 있다.

[지금의 사업이 잘 되고 있기 때문에 리스크를 짊어지면서까지 새로운 것을 하고 싶지 않아]라고 말하는 사람이 있다. 그러나 그런 사람들은 지금의 사업이 언젠가 망할 가능성이 높다는 것을 인식하고 있지 않다는 것에 지나지 않는다.

무언가에 도전하는 리스크를 취하지 않는 것은 아무것도 하지 않는 리스크를 갖게 되는 것이다. 어느 쪽의 리스크가 높은가를 진지하게 비교하는 것이 중요하다.

82 음식업의 본질은 강한 이념을 필요로 하는 시스템구축 산업이다

이전에 필자가 이자카야 체인을 경영하고 있을 때 상장(上場)을 목표로 한 시기가 있었다. 그때에 많은 증권회사의 상장 담당자와 벤처캐피탈 업계로부터 꽤 높은 빈도로 받은 질문이 있었다. 그것은 [당신은 음식점 경영의 본질을 어떻게 파악하고 있나요?] 라는 것이었다.

그 질문에 대해 필자는 꼭 다음과 같이 대답을 했다. [이념과 시스템 구축이 본질입니다.]

음식업은 서비스업이기 때문에 접객과 요리와 공간을 음식점 경영의 본질이라고 파악하는 사람이 많다고 생각한다. 물론, 이런 요소야말로 음식점 경영을 성공에 오르게 하기 때문에 중요하다는 것에 이견이 없다.

그러나 총 점포수가 10점포를 넘어서 30점포 이상을 목표로 한다면 음식점의 경영을 시스템화하지 않으면 안 된다. 그러나 아무리 시스템을 짜도 점포를 운영하는 사람의 마음이 삭막하다면 경영은 잘 될 수 없다. 사원과 회사 간의 마음의 끈은 무엇보다도 강한 힘을 낳게된다.

이처럼 이념의 침투와 비즈니스의 시스템이 자동차의 양쪽 바퀴처럼 돌기 시작하면 다점포 전개를 성공의 궤도에 오르게 할 수 있다. 한쪽에만 힘을 넣어도 안 된다.

83 FL 코스트와 본부비의 압축은 수익개선의 최대 포인트

*FL=Fixed cost : 고정비와 Labor cost: 인건비의 합을 말한다

많은 외식기업을 보고 공통으로 말할 수 있는 것은 FL 코스트와 본부비용을 압축하는 것으로 큰 수익 개선을 가져올 수 있다는 것이다. FL 코스트 관점으로 볼 때에 점포레벨에서 컨트롤 가능한 코스트는 원가율과 인건비율의 두 가지 밖에 없다고 봐도 과언이 아니다.

그렇지만 압축할 수 없다고 생각할 때까지 FL코스트의 삭감을 열심히 하는 회사는 거의 없다고 생각한다.

우선은 구매의 재점검과 종업원의 순환근무 관리에 주력해야 할 것이다. 외식사업의 수익구조는 점포에서 얻은 이익으로부터 본부의 경비를 제한 것이 회사 전체의 이익이 된다. 점포에서 얻는 이익의 수준에 비해 본부비용이 고수준이 되는 회사는 정말로 많다. 필자도 총점포수가 6개 점포가 될 때 본부비와 센트럴 키친의 운영코스트가 크게 부풀었던 기억이 있다. 그때에는 그것을 돌파하기 위해서 대량 출점의 결단을 내렸던 적이 있다. 본부비용을 최대한 줄여도 이익이 나오지 않는다면 출점하는 것 이외의 방법은 없다. 어차피 FL코스트와 본부비용의 압축은 외식기업에 있어서 영원히 이어지는 지상명제다.

*FL코스트: 원가율+인건비율이 60%이하라면 이상적이다.

84 예측이야말로 경영자의 필수 스킬

[경영자에 있어서 제일 필요한 스킬은 무엇입니까?] 라고 물으면 나는 망설이지 않고 [미래를 예측하는 힘] 이라고 대답할 수 있다. 경영자의 본질은 경영환경의 변화에 대응하는 것에 있다. 환경의 변화에 대응하려면 사전에 변화를 예측하고 미리 수단을 만들어 놓는 것이 필요하다. 미래는 항상 불확실한 존재이다. 그 불확실한 미래를 얼마나 예측할 수 있는가가 경영자의 역량이라고까지 말할 수 있다.

가야만 하는 길을 착각하면 조직은 침몰하기 때문에 심사숙고해서 예측을 잘해야만 한다. 이를 통해서 조직을 어떻게 이끌어 갈지를 고민해야 한다. 그러면 어떻게 하면 미래를 예측할 수 있게 될까? 필자는 공격적인 경영을 하는 것이 답이라고 생각한다. 공격적인 모습을 가지고 회사를 늘리기 위한 전략을 하면 불가사의할 만큼 환경의 변화를 읽을 수 있게 된다.

필자만의 경험일지도 모르지만 조금이라도 지금 있는 것을 지키려고 하는 자세에서는 미래를 예측하는 능력이 개발되는 일은 없다고 생각한다. 공격적으로 하는 것만으로도 볼 수 있는 환경은 확실히 존재한다.

85 최저 3년 후를 바라보고 의사결정을 하자

경영자의 일은 끝까지 파고들면 [매사를 결정해 가는]업무로 결론지어진다.

경영활동이라는 것은 판단의 연속이다. [이 사람을 고용해야만 할까? 이 메뉴를 채용해야만 할까? 이 장소에 출점해야만 할까?] 등등 작은 것부터 큰 것까지 여러 가지 의사결정 상황에 맞닥뜨리게 된다. 이때에 판단의 기준을 들자면 여러 가지가 있을 수 있겠지만 정말로 중요하다고 생각하는 것이 "시간축(時間軸)"이다.

어떤 테마에 대해 의사결정을 해야만 할 때에 내일의 이익을 바라보면서 내리는 결정과 3년 후를 바라보면서 내리는 결정에는 꽤 다른 결론을 낳게 되는 일이 많다.

이해하기 쉬운 예를 들자면 쿠폰의 디스카운트 같은 것이다. 다음 달의 매출만을 생각하면 큰 할인을 해서 집객하는 것이 좋을지도 모를 것이다. 그러나 3년 후를 의식한다면 큰 할인을 하지 않는 쪽이 현명하다고 말할 수 있다. 경영활동이라는 것은 지속성을 전제로 해야만 하는 것이다.

오늘과 내일 당장의 이익이 아닌, 최저 3년 후의 이익과 회사로서의 본연의 모습을 의식하고 의사결정을 하는 것이 판단의 실수를 적게 하는 열쇠라고 생각한다.

86 오너경영자는 [투자가]라는 것도 잊지 말 것

오너 경영자는 [경영자]와 동시에 [투자가]라는 사실을 잊지 말아야 한다. 이것은 매우 중요한 사실이다. 오너 경영자가 자산형성을 도모하는 포인트는 2가지가 있다.

한 가지는 급여소득으로서 이른바 연 수입을 말한다. 이는 경영자로서 일한 노동의 대가이다. 다른 한가지는 주가가 오름으로 해서 오는 자본소득(capital gain)이다. 주가의 상승이라는 것은 회사 가치가 오르는 것에 따라 실현된다. 회사의 가치라는 것은 매출/이익의 금액과 자기자본 및 유이자 부채의 밸런스에 따라 변한다. 간단하게 말하면, 올바른 경영을 실시하고 그 결과로 이익이 증가하면 할수록 회사의 가치가 올라가는 것은 당연하다. 이것은 자기 자신의 돈을 자본금의 형태로 회사에 던지는 리스크에 대한 보상이기 때문에 주가의 상승은 투자가로서의 이익이다.

많은 경영자는 수입을 늘리는 것이 쉽다고 인식하고 있지만, 보다 많은 성과를 초래하는 것은 주가 상승에 따른 자산가치의 증가 쪽이다. 특히, 유이자 부채의 금액을 줄여가는 것은 중요하므로 제대로 세금을 납부하고 회사를 키워가는 것이 최종적으로 개인자산을 늘리기 쉽게 되는 것이다.

87 회사 경영에 있어서 제일 중요한 것은 사업을 지속시키는 것

오너 경영자는 투자가이기도 하다는 것에 심리적으로 반대의견을 내는 사람도 있을지도 모른다.

그러나 필자는 오너 경영자 중 많은 사람이 이 같은 의식을 가지는 것이 현실경영에 구속된 자신을 해방하는 관점에서 중요하다고 믿고 있다. 왜냐하면 회사의 경영에 있어서 제일 중요한 것은 사업을 지속해 가는 것이기 때문이다. 예를 들면 동업타사와 합병하는 것으로 규모이익(scale merit)가 생겨나게 되어 업적 개선이 한번에 진행되는 케이스는 현실적으로 자주 있다고 생각한다.

사업의 지속과 성장이라는 관점에서 보면 꼭 자기 자신이 경영하는 것을 고집할 필요는 없다. 현재 경영에 막다른 길이라고 느끼고 있거나 사업에 있어서 정열을 잃어버렸다면 경영자로서의 입장만이 아닌 투자가로서의 입장을 조금씩이라도 의식해 보는 것도 좋다고 생각한다.

이 같은 관점을 가지게 된다면 경영전략의 선택여지가 넓어지는 것이 보일 것이다.

그러나 이런 관점을 갖는 것과는 별개로 현재로서는 현재에 충실한 것, 즉 만사 제쳐놓고 사업에 몰입하고 지속하는 것을 철저히 염두에 두는 것이 중요하다.

88 음식점경영에 있어서 도전의 대상은 성공 점포를 만드는 것이 아니라 ROI다. 회사ROI 기준을 만족시키는 점포를 1개라도 더 많이 만드는 것이다

매장을 경영하다 보면 반드시 성공점을 만들겠다 라든지 어떻게 하면 좀 더 매상을 올릴 수 있을까? 라는 발상에 빠져버리기 십상이다. 물론, 매상이라는 것은 그 매장이 시장으로부터 지지를 받고 있는 것인가? 가 성공의 척도이기 때문에 일생을 걸고 계속 쫒지 않으면 안 되는 테마일 것이다. 그러나 기업의 성장이라는 것을 생각해보면 한 점포의 매상을 올리는 것에 필요 이상으로 고집하는 것은 좋지 않다고 생각한다.

외식기업이 성장을 실현하기 위해서는 매장의 수를 늘리는 것이 중요하다. 이 때문에 경영자의 힘을 각각의 점포마다 매상을 늘리는 것 이상으로 점포 수 자체를 늘리는 것에 보다 많은 할애를 하지 않으면 안 된다. 그리고 매장을 늘릴 때에 반드시 가져야 할 것은 [경영성과 숫자를 자신이 정한 목표 ROI를 만족시키는 상태를 만드는 것]이다. 결코 평당 매출을 올려가는 것이 아니라는 점을 명심할 필요가 있다. 이것을 확실히 아는 경영자는 점점 회사를 성장시키게 될 것이다.

반대로, 한 점포마다 매출에 고집하는 경영자는 거기서 멈추어 좀처럼 회사를 성장시키지 못하는 경우가 대부분이다. 매출이라는 것은 입지와 업태 정도에서 어느 정도 결정되어버리기 때문이다.

89 M&A의 지식은 이제부터의 음식점경영에서 필수가 된다

최근 외식업계의 M&A가 상당히 활발하게 진행되고 있지만 지금은 아직 대기업이 이를 주도하고 있다. 최근에 중소기업의 규모까지 M&A의 파도가 침투하고 있다. M&A가 이만큼 활발하게 된 이유는 좋은 입지의 확보, 규모의 이점에 따른 코스트다운, 사업 포트폴리오의 구축의 세 가지일 것이다. 소규모 외식사업을 벗어나는데 있어서 이를 단기적으로 해결해주는 M&A 라는 수법은—기업문화의 벽이라는 장애가 있는 것도 사실이지만—매력적인 것이라고 생각한다.

필자는 이전에 중소기업의 M&A에 대해 의문을 느끼고 있었던 적이 있다. 그 의문의 이유는 매수(買収)코스트의 높음에 있었다. 다른 사람이 키운 사업을 사는 행위는 자신이 사업을 키운 것보다도 코스트를 높게 지불해야 함은 당연하다고 말할 수 있다. 그렇지만, 싸게 살 수 있다면 이야기는 다르다. 그런 의미에서는 취득가격이 높은지, 저렴한지의 판단을 자기자신이 내리는 스킬은 M&A에 의한 스피드 성장을 실현할 때에는 상당히 중요하다.

주식을 싸게 사야만 하는 것은 상장기업도 비상장기업도 같지 않겠는가?

90 경영은 정신력으로 정해진다

경영활동이라는 것은 의도한 대로 되지 않는 사건의 연속이다.

- 개업을 해 보았지만 손님이 생각한 것처럼 들어오지 않는다.
- 매출이 급격하게 떨어지고 있다.
- 종업원이 이탈한다. 등등

경영을 하면 믿을 수 없는 사건과 예상하지 못했던 사태에 매일매일 직면한다고 해도 과언이 아니다. 경영이라는 것은 머리가 좋고 재능이라는 것뿐만이 아니라 단순히 정신력에 의해 정해지는 것은 아닐까? 라고 느꼈던 적이 여러 번 있었다. 회사가 도산하는 직접적인 이유는 자금이 없어지는 것에 의해서지만 본질적으로는 경영자의 의지가 꺾어질 때에 사업이 좌절한다고 필자는 이해하고 있다. 이 의미는 결코 포기하지 않는 강인한 정신력이야말로 경영자의 필요조건으로써 요구 된다는 것이다. 경영자가 곤란에 직면 할 때 그것을 넘어서는 사람과 포기하는 사람이 있다. 그 차이는 태어날 때 가진 성격도 있겠지만 필자는 자기자신에 대한 신뢰와 꿈의 크기라고 생각한다. [이 꿈이 이루어진다면 죽어도 좋다]라고 생각할 만큼의 정열을 가지고 사업을 하고 있는 것인가? 를 경영자들은 항상 자신에게 질문해야 할 것이다.

10 성공의 원리원칙

| 작은 실패를 쌓는 것은 큰 실패를 막는 유일한 방법이다 | 사람에게 흥미를 가지고 인연을 중요하게 생각하지 않으면 크게는 될 수 없다 | 테마를 좁혀서 그 중에서 국내 제일을 목표로 한다 | 곤란과 보답은 항상 한 묶음 | 리스크가 없는 것에 리턴은 있을 수 없다 | 행동하지 않는 사람이 되어서는 안 된다 | 일어난 일은 모두 옳다 | 멘토를 찾아보자 | 약한 자신을 인정하고, 그런 약한 자신과 함께 살아가자 | 감사를 배울 것

91 작은 실패를 쌓는 것은 큰 실패를 막는 유일한 방법이다

실패야말로 사람을 성장시켜주는 것이라고 항상 생각해 왔다. "야자와 에이키치"는 [첫 번째—호되게 당한다. 두 번째—수습한다. 세 번째—여유를 갖는다.] 라고 저서인 [벼락부자]에서 말하고 있다.

필자는 새로운 도전을 할 때마다 항상 실패가 따라왔다. 그리고 그 때의 실패의 원인을 논리적으로 정리하고 정확하게 할 수 있는 전략을 재구축하는 것으로 해서 최초의 실패를 만회하였다. 성공을 거두기 위해서는 반드시 이 과정을 거쳐야만 한다고 생각한다.

많은 사람은 실패를 두려워한다. 사전에 치밀하게 생각했음에도 해보지 않으면 모르는 것이 압도적으로 많기 때문이다. 원래 정답이라는 것은 실패를 경험하고서야 비로소 정리 할 수 있지 않은가? 그런 깨달음을 얻을 수 있다면 실패의 경험이 얼마나 가치가 있는가를 알 수 있다. 단, 실패는 경영에 큰 데미지를 주지 않는 정도로 관리 하는 것이 중요하다.

아무리 실패가 재산이라고는 해도 치명적인 실패를 범하면 회사는 도산하게 되기 때문이다.

반대로 말하면 큰 실패를 피하기 위해서는 작은 실패를 많이 해두라는 것이다.

92 사람에게 흥미를 가지고 인연을 중요하게 생각하지 않으면 크게는 될 수 없다

필자는 음식점 경영의 세계에서 벗어나서 잠시 동안 컨설팅 활동을 위해 영업을 했던 적이 있었다. 제안서를 내고 반응이 있던 경영자에게 동의를 얻어 컨설팅을 시행했다. 한 지방에서 유명한 대형외식 경영자는 제안에 기분 좋게 응해주었다. 그들은 초면인 나의 말에 열심히 귀를 기울여 주었고 너무 위엄을 내세우지 않는 태도도 보여주었다.

반대로 2~3개 점포를 하고 있던 어떤 경영자는 필자의 제안에 대해 기분 좋게 마주하려고 하지 않고 적당히 선택한 부하에게 대응을 시키는 경향이 있었다.

그런 대응의 차이로부터 발견한 것은 [사람]에 대해 흥미를 가지고 중요하게 하는가? 하는 모습의 차이를 볼 수 있었고 이것으로써 둘 간의 차이를 극명하게 보게 되었다.

성공적인 외식점포 경영자는 성공 경영자라서 사람에게 흥미를 가지고 직접 면회를 하는 것이 아니라, 지금까지 인생에서 인간과의 만남을 소중하게 해왔기 때문에 성공적인 대형외식경영자가 된 것이다.

93 테마를 좁혀서 그 중에서 국내 제일을 목표로 한다

이제부터의 시대는 매장도 회사도 개인도 무언가 강점을 요구하는 경향이 높아질 것이라고 생각한다. 개성이 흘러 넘치는 회사 또는 개인이 스스로의 강한 역량을 가지고 활동의 장을 넓혀 가는 시대가 되어갈 것이다. 스스로의 강점을 형성해갈 때에 제일 중요한 것은 테마가 사람을 만든다는 사실을 인식하는 것이라고 생각한다.

자기자신이 하고 싶은 것을 찾아내고, 그 활동에 빠져드는 것으로 자신의 개성을 확립하는 것은 진실로 중요한 것이라고 생각한다.

필자의 경우는 음식점을 시작했을 때 일품개발에 몰두했다. "일본에서 제일 맛있는 요리, 객단가 3000엔"의 식당을 만들고, 스스로의 테마를 설정해서 열심히 상품 개발에 몰두했다.

이같이 몰두한 결과 요리가 맛있는 가게라는 브랜드가 빠른 단계로 형성되어 다점포 개점에 성공한 바 있다. 이때의 포인트는 [객단가 3000엔 식당]라는 것으로 테마를 좁힌 것에 있다고 생각한다.

현재 무언가 테마를 정했는지에 관계없이 성과가 나오지 않는다면 테마가 너무 넓을 가능성이 높다. 우선은 좁힌 테마 중에서 국내 제일을 목표로 하는 모습이야말로 중요하다.

94 곤란과 보답은 항상 한 묶음

필자는 사람은 자기 마음에 그리는 꿈이라는 것을 반드시 실현하는 것이 최고의 가치라고 믿고 있다. 우리들이 무언가 꿈을 가지고 그것을 향해 행동을 하는 것을 진심으로 결의한다면, 그 순간에 하늘은 우리들이 꿈을 실현하기 위해 필요한 현실을 모두 준비해 준다고 믿고 있다.

그러나 우리들이 꿈을 현실로 이루기 위한 프로세스에는 항상 곤란이 함께 준비되어 있다. 과거에 꿈을 이룬 사람 중에 곤란을 겪어보지 않는 사람은 한 사람도 존재하지 않을 것이다. 즉, 곤란과 보답은 항상 하나의 세트로서 준비되어있다는 것이다. 그렇게 생각하면 현재 곤란에 직면해있는 분은 확실하게 꿈을 향해 가고 있다는 증거라고 인식할 수 있지 않을까?

어떤 곤란을 넘어서서 무언가를 손에 넣고 그러면 거기에 또 곤란이 다가오게 되고, 그것을 또 넘어 더 큰 것을 손에 넣는다…그런 상향의 순환을 그리면서 우리들의 인생은 앞으로 나아간다.

그런 의미에서는 꿈의 현실화라는 것은 곤란을 넘어선 것에 대한 포상일지도 모른다.

돈을 얻는 것에는 두 가지의 관점이 있다고 본다.

첫 번째는 노동에 대한 대가이다. 이는 자신이 어떤 노동과 부가가치를 손님과 회사에 부여한 대가로 얻는 수입을 말한다. 이를 급여소득이라고 표현한다.

95 리스크가 없는 것에 리턴은 있을 수 없다

두 번째는 리스크에 대한 리턴이다. 이는 예를 들면 상장기업의 주식 매수 등이 해당된다. 주식을 매입하는 순간에 상승하는 찬스가 있을 수도 있지만 주가가 하락하고 자산을 감소시키는 리스크를 동시에 얻는 것이 된다.

예컨대, 투자신탁 같은 경우는 연 몇 %인가의 수익율을 얻을 가능성은 있는 반면 그에 상응하는 동등한 리스크를 갖게 된다는 것을 절대로 잊어서는 안 된다. 그런 의미에서 볼 때에 역설적으로 리스크가 없는 비즈니스에는 손을 대서는 안 된다고 생각한다. 그런 것은 이 세상에는 존재하지 않기 때문이다.

만약, 당신이 현재 상황에 만족할 수 없어서 독립과 다점포화를 결심한다면 자신의 자산과 인생 그 자체에 어느 정도 리스크를 갖게 되는 것이다. 오너로서 경영활동을 행하는 것은 그 자체로 큰 리스크를 갖는 것이다. 반대로 말하면 리스크를 얻지 않는 한 리턴은 얻을 수 없다.

리스크를 취하는 용기가 없다면 자신이 비즈니스를 하는 것을 생각해서는 안 된다.

96 행동하지 않는 사람이 되어서는 안 된다

성공을 거두어들이기 위해 필연적으로 우선 필요하다고 생각하는 것은 행동이다.

[이미지를 하는 것만으로 좋다]라든가 [꿈은 반드시 실현된다]라는 말이 있다. 필자는 이를 사실이라고 믿고 있지만 그것은 행동을 동반하는 경우에 한해서라는 것이다. 공부만 하고 있는 사람과 정보를 얻는 것에만 열심히 하고 있는 사람은 많지만 실제로 행동에 옮기는 사람은 유감이지만 적다. 그러므로 본 책에서 무언가 배운 것이 있거나 자극을 받았으면 바로 행동에 옮겼으면 좋겠다. 필자는 지금까지 여러 경영자를 만나왔다. 그 중에서는 말만 먼저하고 행동은 하지 않는 사람도 있었다. 솔직히 그런 사람에게는 무엇도 기대할 수 없었던 것이 진심이다. 그러나 그 반면에 무서울 정도로 행동력이 있는 사람도 있었다. 그런 경영자는 다소 결점이 눈에 띄기는 했어도 장래 회사를 상당히 큰 회사로 성장시킬 것 같은 기대를 갖게 만들었다. 이러한 경영자는 행동을 통한 경험을 기초로 한층 더 성장을 이루어 업계에서의 리더로 자라갈 것이라고 생각한다.

경영이라는 것은 행동하는 것이다.

이론만 서술하고 무엇도 하지 않는 인간이 되지 않도록 주의하는 것이 필요하다.

97 일어난 일은 모두 옳다

우리들을 고민하게 만드는 문제는 항상 예측할 수 없이 닥치게 된다. 자기자신의 그릇을 넘을 것 같은 엄격한 현실에 맞닥뜨릴 때 항상 표제의 언어를 생각해내고 그 체험을 통해서 무엇을 배워야 할 것인가를 자문자답해야만 한다. 그리고 문제에 대해 맞는 해석을 하게 될 때에 문제는 사라지게 된다.

또 역설적으로 자기자신을 고민하게 만든 문제와 불합리한 현실 등은 그 후에 더욱 크게 성공을 잡기 위한 기회가 되는 것이다.

오래된 속담 중에 [인간만사 새옹지마]라는 말이 있다. 좋다고 생각한 일이 나쁘게 연결되고 나쁘다고 생각했던 것이 좋은 일로 연결되는 일은 현실에도 정말로 자주 있다.

[일어난 일은 모두 옳다]는 그런 마음을 가지고 모든 문제와 마주하는 것이 중요하다고 생각한다.

현실을 부정하는 마음에서는 무엇도 생겨날 수 없다. 모든 것은 배우는 찬스에 지나지 않는다.

98 멘토를 찾아보자

이전에 상당히 유명한 유전자공학 선생님의 강연 때 [목표가 되는 인물을 가질 때 점점 그 사람의 가까이 간다.]라는 말씀을 듣게 되었다. 나는 그 이야기를 듣고 필사적으로 목표로 할 인생의 모델이 될 인물을 찾고 그에게 편지를 썼다. 이러한 행동의 결과 스승으로부터 직접 가르침을 들을 수 있는 행운을 얻게 되었다. 여러 번 만나서 얘기를 듣게 되었고 얼마나 공부가 되었는지 모른다. 특히 직접 들은 많은 이야기가 필자 자신의 사업을 영위하는 인격형성에 어느 정도 영향을 끼쳤던 것인지를 생각하면 생각할수록 돈으로는 환산할 수도 없을 만큼의 큰 재산을 얻은 감사한 기분이 든다.

빨리, 그리고 깊게, 여러 가지 것을 배우고 싶다면 역시 인생의 목표가 되는 분으로부터 가르침을 받는 것이 가장 좋은 경험은 아닐까 생각한다. 우리들보다도 위대한 경험을 가진 분은 근처 어딘가에도 많이 있을 것이다. 그런 분들에게 존경의 마음을 가지고 있다면 크게 배울 수 있는 찬스를 얻을 수 있다고 생각한다.

99 약한 자신을 인정하고, 그런 약한 자신과 함께 살아가자

기업하기 전이나 기업을 하면서 신규 출점을 할 때에도, 신규사업 세울 때에도, 필자는 항상 자신 안에서 떠오르는 공포와 싸워왔다는 기분이 든다. 공포심과 불안이라는 것은 인생에 있어서 가장 벅찬 적이라고 생각한다. 이제부터 기업을 할 사람이나 격변하는 경영환경 속에서 경영을 하고 있는 사람들은 모두 각각 장래에 대해 큰 불안과 스트레스를 안고 있다고 생각한다. 그러나 필자는 그런 감정은 있어도 괜찮다고 생각한다. 처음으로 임하는 것에는 공포를 동반한다. 그러므로 이러한 공포를 외면할 것이 아니라 자신의 약함을 인정하고 대응하자. 무서우니깐 멈추는 것이 아니라 [나만이 아니라 누구라도 무서워하므로 달리 방법이 없다]라고 생각하는 식으로 나아가면 좋다고 생각한다.

필자도 이전에 매일 일의 꿈에 시달리고 있었다. 그런 생활이 행복했냐고 하면 잘 모르겠지만, 조금이라도 그런 생활을 넘어섰다는 것에는 만족하고 있다. 이제부터는 자신의 약함을 통감할 때가 온다고 생각하지만 그런 약한 자신과 일생을 마주해야 하는 것 또한 정해져 있는 것이다.

100 감사를 배울 것

경영은 고집을 부리면 꾸려나갈 수 없게 된다. 예를 들면, 요리의 간을 맞추는 것에 대해 고집이 너무 강해서 손님들의 기호에 맞출 마음이 없다면 경영은 어떻게 될까? 손님들이 오지 않게 되고 결국 매장은 망하게 된다.

종업원에 대해서도 같다. 자신의 말하고 싶은 것만을 압력하고 종업원과 조화하는 모습이 없다면 누구도 함께 일할 사람이 없어지게 되고 점포의 운영은 잘 되지 않게 된다. 원래 경영이라는 것은 사람을 위해서 하는 행위이다.

적어도 손님과 종업원에게 기분 좋도록 경영을 하지 않는 한 경영활동을 지속해 가는 것은 불가능하다. 경영활동이라는 것은 자기자신의 고집을 줄이고 주위에 대한 감사하는 마음을 가지는 것으로 원활하게 갈 수 있는 것이다. 일이 잘 되지 않을 때에도 잘 되고 있을 때에도 주위에 대한 감사의 마음을 가지는 것을 의식하자.

그것이야말로 경영자로서 살아가게 되는 진정한 이유이기 때문이다.

작은
음식점 흑자경영의
원리원칙 100

초판 인쇄 | 2012년 3월 2일
초판 발행 | 2012년 3월 10일

지은이 | 키토 히로마사
옮긴이 | 최용주
발행인 | 김은중
발행처 | 서울경제경영출판사
편 집 | (주)우일미디어디지텍

주 소 | 120-808 서울특별시 서대문구 대현동 67-5 대현빌딩 6층
전 화 | 02)313-2682
팩 스 | 02)313-8860

등 록 | 1998년 1월 22일 제5-63호

ISBN 978-89-88106-89-1 03320 정가 12,000원